HOIKU Room
＃03

あそびのちから

子どもとあそぶ保育者のしごと

河崎道夫
Kawasaki Michio

ひとなる書房

イラスト／小林光子　装幀／山田道弘

はじめに

本文の中で紹介している「ぶちゴマ」のコマを作りました。頃合いの太さの木枝をとり、小刀で削りながらコマの形を整えていきます。ちょうどナイフで鉛筆を削るようなかっこうだったので子どものころを思い出しました。小さいころ、私はあまり鉛筆削りがうまくありませんでした。クラスにはとても上手に削る女の子がいました。その手つきと美しく削られた鉛筆を見ながら、どうやったらあんなふうにきれいにできるのかなといつも思っていました。ささやかなあこがれでした。何度まねしてもその美しさには近づけませんでしたが、それでも練習して自分ながらだいぶきれいになったなあと思ったことがありました。ほかにもたくさんのあこがれの種がありました。あんなことしたい、あんなふうになりたいということが生活と遊びの中で山ほどありました。家業の手伝いさえも、やってみたい、上手になりたいことに満ちていました。

あこがれと自分ができることとのずれ具合もまたさまざまだったでしょう。尊敬と自尊、達成感と挫折感、励まされる喜び、冷やかされたり揶揄されて感ずる恥ずかしさやくやしさもまたさまざまに経験しました。

あこがれが子ども時代を過ごす大きな原動力だったのだと思います。


そのあこがれの生まれ方や内容が、社会的に大きく変化してきたように思います。たとえば電動鉛筆削り器に鉛筆を指し入れるあの手つきが美しい……とはあまり思わないでしょう。電子レンジで「チンする」手つきにはどうでしょうか。生活と遊びの中で、身近なあの人の、あのいでたち、あの手つき・手さばき、しぐさ、顔つきにあこがれを感じる機会がとても貧しくなったのではないかと思われてなりません。テレビの映像にはたくさんあこがれの対象があるのですが、手触りや体感、におい、息吹、など身近な人や物ならではのリアリティーを欠いています。子どもは近づきもせず話しかけもしません。反対にそこで生まれるあこがれは子どもの周囲の身近な人や地域の独特さからかけはなれて画一的なものになってしまいます。

あこがれるということは人の人に対する思いの関係ですから、社会における人間関係の土台の変化に規定されて変化してしまうわけです。それは子どもの発達にとってどういうことなのでしょうか。

この本では、「発達」ということばをほとんど使っていません。「発達をふまえる」というイメージが「年齢にあった」というものにずれていくことへの、深い違和感があるからです。「発達」そのものを否定しているわけではありません。むしろ「発達」ということを深く見つめたいという思いを強くもっているつもりです。子どもから大人へと成長していく過程を発達と考えることは自然なのですが、人間の場合、子どもが成りゆくその大人のありようは歴史的社会的に変わっていきます。同時にそれに呼応して子どものありようも歴史的社会的に変わります。必然的に子どもから大人への発達過程もその規定を受けます。人間の発達は歴史的社会的に規定されるということは動かしがたい原則なのです。

ですが、現在のおおかたの発達心理学はこの原則にほとんど無頓着のように思われます。個別の諸能力の獲得に社会的文化的差異があるようなことを問題にすることはあっても、全体としての大人と子どものありようについて、歴史的社会的土台から考えることをしなさすぎるように思われます。

発達ということばは、すべての子どもには、はかりしれない可能性が秘められており、その可能性が現実となるのを助けるのが教育や保育であるという歴史的に発展してきた考え方の中で輝きを放つものです。それはそうはなってない社会の現実や教育や保育の状況から一歩前に進もうとするとき、必要な標語として重要な意味をもっているのです。すべての大人が人間らしい生活と生き方が可能となる新しい社会は未だ到来していませんが、先がけて子どもの育ちのうえで実現したいと、ほとんどの大人たちは望むでしょう。そのとき「子どもは発達する」「その子の可能性は開かれていく」のだという確信は何よりの励ましとなります。


ところが、発達ということばが、一人ひとりの子どものはかりしれない可能性が現実化していく過程ではなく、成長過程のある種の標準的な筋道や段階をふんでいくことであるかのように語られるとき、意味合いが違ってきます。

「発達の遅れ」とか「発達の障害」と言うときは、一般的な標準があることが想定されています。多くの場合、その標準からずれていることが問題になります。とくに大人が大勢の子どもをまとめて何かさせなければならないとき、みんなと同じようにはできない子どもが必ず出てきます。それが「困る」ことであるとき、大人にはわかりやすく「問題」になるのです。もしそのとき、そのずれが、その子のはかりしれない可能性が現実化する前兆だと思うことができれば、それは「困ったこと」や「問題」ではなく、「期待」や「喜び」となります。なかなかそうは思えない状況に大人も置かれているのですが。

たしかにまだ二足歩行しない子どもは走ることができないという意味での順序はあります。足し算ができなければ、掛け算は理解できないこともわかります。個別の知識や技術が、段階をとおり筋道を追って達成されるということはあるでしょう。それは知識や技術の達成順序であって、子どもの発達ではありません。

たとえば「走る」ことの発達の可能性は、それこそはかりしれません。園庭の土の上を走り、砂浜を走り、廊下を走り、山から駆け下り、運動会で競走したり、鬼ごっこで追いかけたり逃げたり、転んだり、ぶつかったり、……その喜びや痛みを、かけがえのないその親や、友だちや、大人たちと共有したり、あるいは促されたり、励まされたり、制限されたり……。そのような多様で個性的な体験をとおしてその子の走ることは拓かれていきます。筋（スジ）だけの「走る機能」が発達するのではありません。そして「走る」こと以外のさまざまな「機能」も、そうやって人に出会い、物に出会い、場所に出会いながらはじめて実現していきます。

私たちの目の前のそのかけがえのない子はどの子も、「想定された標準」から必ずずれている存在です。標準どおりの発達をする子どもは一人も実在しません。そのどこにも実在しない標準の子ども像、「機能の束」としての子ども像をめざしていてはつまりません。何歳ごろにはこうなる、次はこうなる、それを促進するためにこうする、それから外れたり遅れたりしているから修正する……これは少し違う気がします。むしろずれているからこそ、この子にどんな花が咲くのかという期待と希望（もちろん不安もあるかもしれませんが）を抱いて、あこがれて夢中になれること、楽しいなあと共感できることをたくさん経験させていきたいものです。

本書では、遊びの歴史的な変化の様相を見つめながら、あこがれと共感の、したがって遊びの時代的意味と発達的意味を、保育や子育てのなかでの子どもたちの姿をもとに見つめていきたいと思います。

第一章　遊び体験と根っこの感情の育ち

——体験のありようの歴史的変化を見つめて

●1　急速に失われる伝承遊び

ぶちゴマ

ムチゴマともたたきゴマとも言われていて、その名のとおりムチのようなものでコマをたたいてまわします。うまくたたいていると普通のコマとは違ってずっとまわり続けるのでおもしろいのですが、それには技術の安定性と精神の集中性、持続性が必要といえます。一～二分もまわし続けられれば「うまいな」と思われます。知人の小学校の先生の話ですが、四年生のクラスでこれを遊び、なんと九十分間まわし続けた子どもがいたということです。その子は二コマの授業の間、一人で教室の後ろでコマをたたき続けたのです。その子もすごければ、いろいろな意味で先生もすごいし、ほかの子もすごい。

「ムチでたたく」という行為は攻撃的で勇壮、勇猛なイメージがあります。やさしそうな保育士さんやお母さんが、ムチを手にするや人が変わったように猛然とたたき始め、びっくりさせてくれることもあります。言うことをきかないコマを力づくで思いどおりに動かそうとするかのようです。が、上手にまわし続けるにはそんなイメージから遠いやり方でないとだめなようです。最初はおとなしく、ペショッ……ペショッ……とたたくのがコツです。九十分まわした子どももそうだったということですが、ふだんあまり元気が前面に出ない子がうまかったりするのです。ザリガニ釣りでもいつもワンテンポ遅い子がだれよりも先に釣れて驚かれるなどということがありますが、それに似ています。こういう遊びは身体の力と技、まわそう、釣ろうとする気迫とが、時にずれ、時に妙に一致したりして、さまざまなドラマを生み出すものです。コマまわし、たこ揚げ、ビー玉、メンコ……。

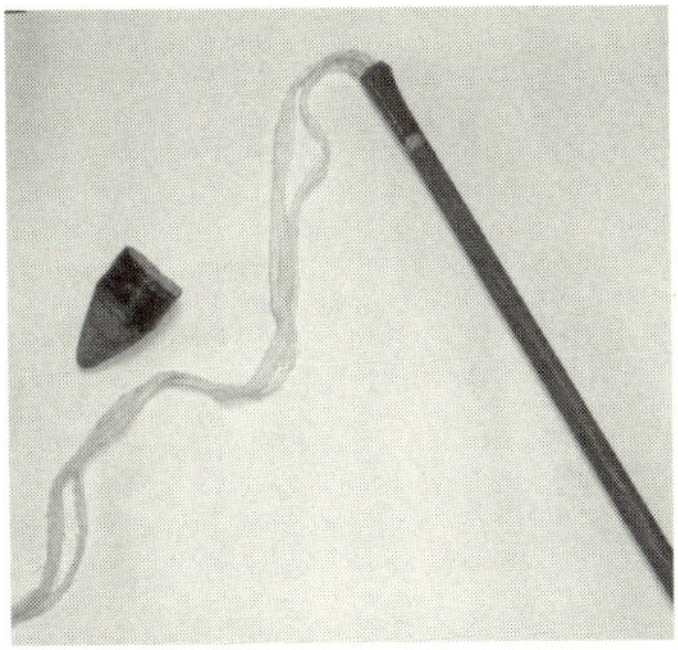
桜の枝で作ったぶちゴマ

このぶちゴマ、いまでは子どもが遊んでいる姿をあまり見かけません。ぶちゴマに限らず、さまざまな技系の遊びが子どもの世界から消えつつあります。それは一九六〇年代の高度経済成長期を境にした子どもの遊びの時代的変化からです。経済成長のことしか考えなかった産業優先の社会は、人々の生活様式を大きく変えると同時に、毎日の生活から空気や水や土といったあたりまえに不可欠なものまで奪いました。多くの犠牲が払われてようやく「公害」が反省されるようになりましたが、もう一つの「あたりまえ」である子どもの遊びは、反省されることがありませんでした。「犠牲」が直接目に見えなかったからです。「緩慢な殺人」と言われて気づかれにくかった「公害」でしたが、子どもの遊びの「被害」はさらにずっと間接的で深いところで進行していたのです。以来、子どもの遊びの条件と言われる「時間」「空間」「仲間」の「三つの間」を社会が削り取っていく傾向は現在もなお続いています。

たとえばぶちゴマ遊びは長い歴史を持っています。森洋子氏の『ブリューゲルの「子供の遊戯」』[1]を見ると、中世ヨーロッパで子どもがほかのコマ遊びといっしょにぶちゴマ遊びをしていることがわかります。それどころかすでに紀元前二〇〇〇年ごろのエジプト王朝のときにすでにありました。[2]驚いたことにそのエジプトの古いコマは私が桜の木で初めてつくったコマとそっくりでした。四千年もの間、遊ばれ続けていたということです。

大学院のゼミによく中国からの留学生が参加しますが、彼らも子どものころよくしたと言います。「二十年やってないから……（うまくできないかも）」と不安そうにコ

ブリューゲル「独楽回し」(「謝肉祭と四旬節の喧嘩」の部分　油彩 1559年)
森洋子『ブリューゲルの「子供の遊戯」』(未來社、1989年) より転載

マとムチを受け取った一人は、始めるや否やじつに鮮やかなムチ裁きでたたいてまわしたのです。女子の留学生もうまくまわしました。男の子ほどではなくとも女の子もまわりでけっこう参加していたそうです。中国各地からやってきた学生たちのほとんどは知っているしやったことがあると言います。韓国旅行のお土産で買ったという日本人もいましたので、おそらくアジアでも広く遊ばれていたと考えられます。エジプトにもヨーロッパにもアジアにもあったことになり、したがって地域的広がりも世界規模だったということです。

時間的にも地域的にもこれだけのつながりと広がりをみせていたぶちゴマが、日本では一九六〇年代のわずか十年くらいで激減したと見てよいでしょう。中国でも留学生の話によると、いまでは田舎でもほとんど見ないといいます。中国の高度経済成長期（社会の高度産業化の進展）は日本より十年から二十年遅れていると言いますから一九七〇〜八〇年代の中国ではまだ遊ばれていたと思います。「一人っ子政策」が当然「遊び仲間」の激減と「学歴競争」を激化させたということもあり、中国からの留学生たちが異口同音に「地域や学校はもちろん、幼稚園や保育園でも子どもが十分遊ぶことはできない」という状況では、ぶちゴマも遊ばれなくなってしまったこともうなずけます。

ぶちゴマは一例にすぎません。こうした手技系の遊びに限らず、木の実採り、魚獲り、虫採りなどの自然環境や生きものとかかわる遊び、野外でのままごと遊び、かごめかごめなどのわらべ歌遊びや、鬼ごっこ、陣取りなどの集団的遊びなど、それまでおそらく何百年も何千年も子どもの世界で伝承されてきた遊びが、この数十年で急速に失われつつあるのです。

子どもが遊ぶ生活と環境の人類史的変化

この広汎な変化は、多少の時期的ずれや地理的ずれを含みながらもおそらく人類史的規模の巨大で構造的なものでしょう。子どもは遊ばなくなり、遊びの内容はいよいよ「貧しく」なるというこの変化はいったいどういうことなのでしょう。

本来、人間の歴史において、子ども時代が次第に長くなり、遊ぶ時間、遊びの内容が豊かになるのは一つの法則的変化です。もちろん社会の支配関係のあり方によっては、一時代的にあるいは局地的に厳しく労働が強制されて子どもの遊びが失われることもあります。それでも子どもが大人に育てられ守られる状態がある限り基本的には子どもは遊ぶ存在であるという事情は生物学的な人間の原理でしょう。支配された名もなき多くの大人たちは、ついつい生活の苛酷さを子どもにも強いてしまいたくなる衝動と、どんな苛烈な状態でも子どもを守り少しでも元気に過ごさせたいという願いとの葛藤の中で生きてきたのです。そしてその本来の人間的願いが負けてしまうこともなくずっと引き継がれてきたのです。

たとえば、初期資本主義が復活させた奴隷制。その反人間的な制度の中で、黒人奴隷の子どもたちの生活と遊びの実際はどのようなものだったでしょうか。ウェッバーの『奴隷文化の誕生』(3)から抜き出しながらまとめてみます。

「奴隷居住区の子供たちが離乳し、這い始め、よちよち歩きを始めると、大部分の時間を育児室の他の黒人の子供たちと遊んで過ごし」「育児室の保母は子供たちのためにゲームや活動について、創意工夫にとむ日課をたて」ました。「物語をし、じゃがいも、オレンジの棘、二、三枚の羽から種々の動物をつくる方法を説明した。そして彼女の生徒たちが、黄水仙の緑の葉でつくったござ、コップ、どんぐりの受け皿、ヒッコリーの実の皮の皿、その辺にあるきれいな陶器のかけらなどで『食卓の用意をする』のを助けたり、また壊れたストーブで彼らに泥のパイを焼かせたりした。彼女はまた彼らが花のように着飾るのを手伝ってやり、センダンで編んだ鎖やチンカピングリ（クリの一種）を長く数珠につないで装身具を作ることを教えた。彼女は『母さんガメ』や食用ガメを捕らえてペットとして育児室で飼うことを彼らに勧めた」ともあります。

さらに、「しかしながら、ほとんどの育児室では、子供たち、特に年長の子供たちは、彼らの好き勝手に任されていた。その時間はほとんど仲間同士で遊んだり、そしてプランテーションの畑や森をぶらついているうちに過ごされ」、夕方の薪集めや水運びなどさまざまな雑用の手伝いが終わったあとの夜には「外で遊んだり友達の小屋を訪れた」りしたし、大人たちの「物語をしたり歌ったりする」のに参加したりしていました。また「もしも信頼できるだけの分別があると見なされると、奴隷居住区共同体の夜のもっと秘密の活動に参加することが許された。しばしば年長の男の子供たちやときには少女たちも、大人たちの月夜の狩猟や魚釣りの遠征に同行した」ということです。

ほかの遊びも列挙してみましょう。蹄鉄投げ、棒をとぶ、竹馬、おはじき、弓矢遊び、縄とび、ぶどうのつるのブランコ、染み玉遊び、とうもろこしの斑点を使った「カード」遊び、「羊の肉」(ドッジボール)、「ワンス・オーヴァー」(ボール遊び)、多種類の隠れん坊、円陣ゲーム、ビー玉遊び、石蹴り、鞭隠し、「今夜お化けはどこにもいない」遊び、森の遊びと冒険、川遊び……。現在の日本の子どもたちの現状にくらべ、驚くべき豊かさではありませんか。

もちろん彼らには十~十五歳ごろには奴隷として売買されるという残酷な運命が待ち受けていたし、兄弟姉妹や仲間が突然いなくなる(買われていく)現実も目にしていました。さらに「白人に支配された奴隷の現実生活は、ほとんどの子供の心を傷め、もっとも楽しい子供時代でさえも暗いものにした」ことも事実です。本質的にこの制度は非人間的なものです。

それを前提としての話ですが、このような奴隷制度の中でも子どもが豊かに遊ぶことができたということは、逆に現在の日本のような「経済的に豊かな社会」で「子どもが遊ばない、遊べない」状況が生まれていることの歴史的異常さをうかがわせます。奴隷制度はなく、基本的には衣食は足りて生活も豊かになり、子ども時代はずっと長くなってきたのに、子どもが遊ぶための環境と安全性が破壊され、遊びたい子どもが時間に追われて忙しくなり、遊び仲間もいなくなってしまったのです。個々の大人たちは、子どもは元気に遊んでいてほしいという本来的な願いを持っているにもかかわらず、社会全体としてはその願いを打ち負かしてしまいかねない動機システムが創り上げられているのです。「国際競争力がなければ国（企業）は生きていけない」「生き抜くため、勝つための能力をもたねばならない」「小さいころからその能力を身につけなければ人に勝てない」……。

子どもを遊ばせないこの動機システムは、数十年のずれを孕みながらも世界的規模でつくられ、いまもなお拡大しつつあるのです。この動機システムの中で育つ子どもの体験群はいったいどのようなものになるのでしょうか。

2 遊びは生きることの実感と原体験を育む

シャガイ

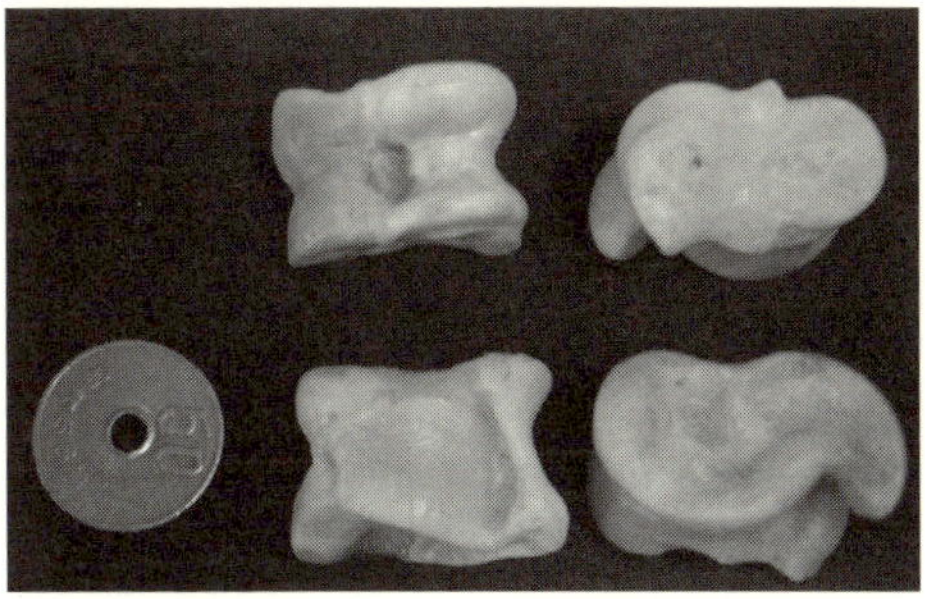
シャガイの四面
左上 山羊、右上 ラクダ、左下 羊、右下 馬

モンゴルからきた留学生の大学院生Uさんが修士論文のテーマにしたのが、故国の伝統的な遊びの一つであるシャガイ遊びでした。この遊びを紹介しながら、遊びと生活、文化の関係、それにその子どもが育っていくということにとっての意味を考えてみましょう。

シャガイは遊牧民が馬や牛、山羊とともにたくさん飼っている羊の足の骨を使った遊びです。遊び道具としての羊のくるぶしの骨そのものをさすこともあります。ちょうど大人の親指の半分くらいの大きさでしょうか。四面がみな形が違うのを利用して、さまざまに遊びます。それぞれ馬、羊、山羊、ラクダと名前がつけられている四面は、慣れないとすぐには区別できませんが、これで毎日遊んでいればすぐにわかるようになるのでしょう。遊牧民にとって羊は昔から日常的に重要な衣食の源ですから、これは買うものではなく、生活していれば自然にたまるものです。シャガイ遊びは遊牧生活の中で生まれ伝えられ創造されてきたものであり、モンゴル民族特有の文化の一つといってよいでしょう。あのチンギスハーンが少年のころ、シャガイをはじきとばして友だちと遊んだという記録もあるそうです。

ウランバートルの博物館では、日本人は占い好きだと思われているのか、日本人向けに占いのしかただけの日本語解説書がついた四個セットが売られています。下手をすると日本人にはモンゴルの占いの道具だと誤解されかねませんが、じつはたくさんの遊び方があり、日本のブロック遊び、サイコロ遊び、おはじき遊びなどと似た遊びもありますし、これを使ったゲームは多様です。

たとえば、アラグ・メルヒー（亀）という遊びは、九十個のシャガイを亀の形に並べ、二個のサイコロをふって出た目の数だけシャガイを亀から取り出していきます。これをくり返して亀の形がなくなったとき、取ったシャガイがたくさんある人が勝ち

シャガイ遊びをする子どもたち
（下がアラグ・メルヒー）

というものです。九十個のシャガイを亀の形に並べるとき、頭、首、手足、心臓、腎臓、膀胱など数が決まっています。ふったサイコロの目が七なら頭を取る、六なら首を取ることになります。目の数に対応した形がなければその数だけ亀に戻しますから、けっこう長く続くと言います。正月など特別の行事には亀の形を少し変え百六個でするそうですから、これもやはり遊牧民の生活文化と結びついているわけです。

Uさんが六十八種類のシャガイ遊びについて、保育者がどれくらい知っているかを聞いたところ、平均して四割程度でした。これはシャガイ遊びを意識的に導入している幼稚園の先生たちのことですから、比較的高い割合のようです。モンゴルでも都市を中心とした「近代化」で生活様式が大きく変わってきており、遊牧民以外ではあまりシャガイ遊びをしなくなってきているといいます。やはり子どもの伝統的な遊びがここでも衰退し始めていると考えられます。一九六〇年代の日本の高度経済成長期より三十年か四十年くらい遅く始まっているわけですが、人類史をはかる長いものさしで考えれば、世界的規模で起こっている深刻な変化はモンゴルでも同時に進行しているといえます。Uさんはこの状況をなんとかしたいと考えて、日本に勉強しにきたのでした。

自我のリアリティーの土台

関節の骨という素材のもつ質感は独特です。おもちゃのブロックのように工業的に規格化されておらず、共通の形と色でありながら少しずつ微妙な違いがあり、画一性を感じさせません。表面はかなり滑らかでツルツルしていますが、これも使い込みの程度によって違います。凹んでいるところはザラザラしています。その凹み具合やでっぱり具合、ザラザラとツルツルの感じは、見た目も、手に触ったときも一個一個みな違っていることがわかります。これは生きていたものの一部だったと感じます。

その「感じ」からさらに「イメージ」がふくらみます。さすがに触感や形などから生きていた羊の「性格」だとか「気性」「個性」などは想像できません。ところが、これは後ろ足の踵の部分だと聞かされれば羊一頭が想起され、その後ろ足に目前の骨（シャガイ）をはめ込んでしまいます。大きさの違いからはすぐにこの羊は大きかった小さかったなどと考えてしまいます。また目の前の五十個、百個の骨は、それだけの羊の群れを想起させます。

私の「感覚と想像」はその程度です。それでも、羊やその群れを実際に見たり触ったりしたことがあるとか、骨つきの羊の肉を食べたことがあるとか、少しは経験がありますので、まったくそういう経験のない人より少しだけ豊かなのかもしれません。そうであるならば、毎日羊と暮らし、草原をともに歩きまわり、頻繁にその解体と調理をつぶさに見、肉を食べたりしている子どもの場合、シャガイを持ちそれで遊ぶとき、どれほどその感覚と想像が豊かにふくらむことでしょうか。シャガイの手触りや見た目の感覚は毎日のようにくり返し経験されていわば「身にまとわれて」いき、生活感覚の一部となるでしょう。それを土台にして創り上げられる想像の世界もまた生活の風景にはめこまれていくでしょう。

遊牧民の子を含めてモンゴルの田舎の子は、子羊を与えられて飼い、育てることもよくあるそうです。大事に育てた（あるいは友だちだった）羊もいずれ食べられてしまい、そこからシャガイも取り出されるわけです。シャガイにはそういう喜びや悲しみがまとわりついています。また、馬や牛、山羊、ラクダなどもいます。いずれも生活していくうえで重要な家畜です。お乳も皮や毛もみな役に立っていながら、味も使い方も乗り心地もそれぞれ違っています。嵐や狼がそれらの家畜を奪うこともあるでしょう。シャガイで遊ぶということは、生きものとともに生きる遊牧民の生活世界全

モンゴルの草原

体とつながっていて、その独特の形状や大きさ、材質からくる感触や質感と、組み立てられた遊び方が生むさまざまなおもしろさによって、原風景の一つになるのだと思います。冬になれば毎日のように遊ぶというシャガイは、遊牧民の子どもたちが互いに共感できる生活感覚を育て、それと結びついて共有できる出来事の想像世界を育むものとなるでしょう。そしてそういうことすべてが生きることのリアリティー、生まれてくる「自我」のリアリティーの土台となっているのだと思います。子どもの自殺は遊牧民の場合はまず考えられないことだそうですが、都市ではまだ日本より少ないけれど起こり始めているとのこと、深く考えさせられます。

モンゴルの都市の子どもたちにはシャガイで遊ぶ経験がほとんどなくなってきています。民族の伝統と文化と結びついた遊びを民族の子どもたちに残していこうとするUさんたちの願いが、「近代化」や「グローバリズム」の波に流されずに根を張っていくことを願うばかりです。

感覚―情動―想像複合体

前に紹介した私のぶちゴマは桜の木でつくりました。鳥が落としていった糞の中のタネから芽が出て大きく育ったわが家のシンボルツリーです。もう成人した一番下の娘の小学校入学時に満開の花の下で撮った写真がありました。「桜切るバカ」などと言われても、狭いわが家の庭ではあまりに枝を張りすぎて支障が出るので泣く泣く枝を切りました。その枝からつくったコマです。樹皮の光、色、模様、手触りとともに、まわすたびにそういうことが思い出されたりします。これは大人の感傷だともいえますが、毎日のようにそれで遊ぶ子どもの場合は、その感覚が遊びそのものや日常生活の中でのいろいろな感情的な出来事にまつわる想像と結びついて子ども時代の原風景をなしていくでしょう。身近にふんだんにあり、自然や地域とつながり、多様な身体感覚を生みだし、生活の中でくり返しさまざまに使われる素材と「遊ぶ」体験が蓄積していく意味は、人が生きていくうえでとてつもなく大きい気がします。

木や竹、その葉・樹皮・枝・節、草や花、虫や動物や鳥とその身体のさまざまな部分（毛や皮や骨や肉、糞までも……）など、あるいは土・砂・石・岩、水や流れ、雪や氷、太陽や月や星に至るまで、それらは、衣・食・住をはじめとして毎日の生活にあらわれ、使われているものです。生活する地域、場所ごとの無尽蔵の多様さをもつ素材と毎日のように暮らし、そして「遊ぶ」ことの意味をこそ私たちは考えたいものです。言いかえれば不可避の多様さと変動をもってくり返され成立する感覚—情動—想像複合体が、生きるうえでもつ大きな意味ということでしょうか。

●●●3　根っこの感情を耕す

この世界はふしぎなことに満ちている

「私の生家は大家族で、小さな保育園みたいな家でした。父の仕事がひまなときとか夏休みの夕方などには、近所の子どもたちも集まって、みんなで話好きな父親の語るこわい話をたのしみました。子どもたちの遊び場所は、近所ではお寺の境内や墓地のなか、足をのばせば、駿府城の堀や、安倍川の河原や、麻機の沼や、大浜の海や、浅間神社の裏山があり、竜や河童や天狗やお化けがいくらでもいました」[4]。『もりのへなそうる』[5]など、たくさんの童話や絵本で知られている渡辺茂男さんの評論集に出てくる一節。かつて子どもが生活し遊んだまわりの世界が、自然と文化の多様性に富んでいた時代の話です。そこにはすてきな音や色や匂いをもった美しいものやおもしろいものが満ちていましたし、同時に汚いもの、痛いもの、臭いものとともにこわいものもたくさんありました。子どもたちは遊びの中でそれらがいっしょくたになった世界の多様性に直面し、五感を働かせ、身体を躍動させ、想像力を発揮して、美しいものやおもしろいものを見いだし創り上げていました。

現代は「不快な源そのものの一斉全面除去（根こぎ）」の際限のない欲望が商業主義的につくり出され氾濫させられている社会だと喝破したのは哲学者の藤田省三さんでした[6]。「……はもとからたたなきゃだめ」のかけ声のもと、痛いこと、臭いこと、汚いこと、暑さや寒さなど不快なこと苦痛なことが体験されないようになってしまったというのです。

たしかにいまや子どもたちのまわりは人工物に取り囲まれ「明るく照らされた無菌の空間」とされつつあります。カブト虫の自動販売機ができ、どんぐり拾いは汚いことして否定されるような世界で、子どもたちは「体験」を失いました。「知識」は現実世界からではなく多様性とリアリティーをはぎ取られた記号情報として学習するものとなり、想像は商品化された画一的なファンタジーに流しこまされてしまったかのようです。

さらにまわりには、ナマの痛いもの、臭いもの、汚いもの、そしてこわいものは人間しかいなくなってしまいました。しかも際限のない「根こぎ」の欲望はその人間に対しても向けられ、自分や他人のわずかな臭さ、汚さ、こわさや「異端」「異形」にも恒常的で異常な嫌悪と恐怖そして攻撃が広がりました。苛烈な競争社会の下、これらは暴力や脅迫、いじめや虐待、閉じこもりや現実逃避の、理由にも結果にもなってあらわれています。

体験が失われ、「情意生活の上での殆ど致命的な損失[7]」が蔓延した結果、「透明な存在のボク」(一九九七年神戸市で起こった連続児童殺傷事件の犯人で当時十四歳の少年が自分を表現したことば)の出現にまで至ったのです。

心は揺れ動き、仲間は共感し支える

しかしながら日本の保育は、このような時代状況、社会の構図を本質的に転換していくような保育実践を生み出してきました。太陽の光をあび土と水にまみれて楽しさにふけり、野菜を育て、小動物と遊び、食べるものを自らつくり出して喜びを獲得する。地域の自然や文化を取り入れた伝統的な遊びに目を輝かせ、全身と想像力、思考力を働かせる探険や冒険に心を躍らせる。そんな生活が子どもたちの人間らしい成長にとって必須であることを実践によって示してきたと言えるでしょう。それは「多様性とリアリティーをもった世界と直面する経験」「そのような世界の一部であるナマの人間としての連帯」が生まれる生活。その生活の延長線上に「こわいものと対峙する」こともあるのだと思います。

私がときどき鬼をやらせてもらっている保育園の節分は冬から春に向かう季節の一大行事です。数日前に「いじめっ子、泣き虫を山につれていく」などという手紙が来ます。年長児たちを中心に立てた作戦（豆ぶつけ、ひいらぎ、落とし穴など）を実行し退治してしまう一連の騒動の中で子どもたちはさまざまな姿を見せます。

年少の子たちには泣く子もいます。平気そうな子もいます。普段は威勢がいいのに

三重県・こっこ保育園の節分

しっかり隠れてしまう子。作戦を立て準備するときは張り切っているのに鬼が来ると一番後ろで動けなくなる子。無鉄砲に鬼につっかかる子。仲間に手をさしのべたり、立ちはだかったり、励ましたりする子。鬼が退散したあと緊張が解け号泣する子。隠したウサギの仔の数を泣きながら数えては安堵する子の姿をあとでビデオを見てこちらがもらい泣きしたこともありました（鬼の目にも涙……）。しかしこわかったけれども、最後にはみな無事だった安堵感や力を合わせた充実感も広がります。子どもたちの共感、子どもたちと大人たちの共感、そして大人たちだけの特別な共感が入り乱れながら子どもも保育者もそれぞれがまたかけがえのない独特の感情を味わう場となります。

保育実践上、節分の鬼に襲われるような「こわい体験」をさせることは、こわがらせることそれ自体が目的ではないでしょう。先に述べたように、この取り組みは、多様性とリアリティーに満ちた世界との格闘として送られる毎日の生活の延長上にあるものです。「世にもこわい鬼」がやってくるという、その「世」とは自分に楽しみや喜びをふんだんにもたらしてくれ、ときどきは手痛いしっぺを返してくるようなそういう「世」なのです。そんな毎日の土台があればこそ、こわいけれどなんとかできそうかもしれないし、でもやっぱりこわいし、でも普段以上に力を合わせればなんとかなりそうだし……。各人各様の揺れ動きの先に出てくる共同の決意と行動が大きな眼目なのではないでしょうか。

またそうした決意と行動を支えるものがさまざまにありえます。その保育園ではこわい黒鬼に対してやさしい赤鬼も出てきます。黒鬼の手紙が届いたあと、恐怖におののいている子どもたちのところに「黒鬼の弱点はみんなが力を合わせることだ」とか「勇気の鈴の音がきらいだ」とか「ボクも行くからがんばれ」などと知らせる赤鬼からの手紙も来ます。読んだ子どもたちは歓声を上げ、とたんに勇気百倍となったりするのです。もちろん「ひいらぎ」「イワシの頭」などの小道具も支えになります。こうした支えがどの程度必要なのか、あるいはこわさと支えのバランスをどの程度とるのかは、子どもによってもクラスによっても違いますし、決まったものはないでしょう。それぞれの状況によっておのずと定まってくるようなものですし、そのバランスが安定せずふらつくからこそ、子どもたちのダイナミックな関係が生まれるとも言えます。

しかし何よりも最大の支えは仲間（保育者や親も含めて）です。それまで互いの葛藤や対立も含めて悲喜こもごもの生活を共有してきた仲間がすべて、この世の辺境、あるいは日常のはずれから来たような鬼に対峙して「こちら側」に位置することによって、互いが互いに対して支えになるのです。それは終わりに共有される安堵感とともに、やがて人間とこの世への信頼感を構成していくものではないでしょうか。

新しい形態の郷中教育

かつて姫田忠義さんが鹿児島の下甑島につたわる正月行事「トシドン」を紹介し[8]、「郷中教育」の今日的意味を提起しました。トシドンは長いとんがった鼻をもち、シュロの木の葉や繊維でつくった髪や恐ろしい面をつけたもので、村の三歳から七歳までの子どもの家をまわります。村の青年が扮するこの異形の神は泣き叫んだり緊張したりして迎える子どもに「ケンケンしてみれ」「まだ乳をくれと甘えている」「墓場の墓石に小便ひっかけたがそれでいいと思っているか」などと質問や要求をあびせます。それはこわがらせるためにではなく「さとしたり励ましたりする」ために来るのだということです。姫田さんは、子どもが成長するにつれ迎える側からトシドンになって訪れる側への転換が行われ、子ども同士の教育的営みがあるところに郷中教育の意義を見いだしていました。そしてこのような教育はナマハゲやアマミハギなどをはじめとしてかつて日本中にあったということです。現在でも獅子舞や類似の行事が残されていて、子どもが泣き叫ぶのを周囲の大人たちが大笑いしながら見ている光景が、ときどきテレビで放映されたりします。

今日の、保育園・幼稚園で行われる節分のような行事は、年長の子どもがシステムとして参加するようなそうした郷中教育とくらべると、形態も意義も別のようにも思われます。しかしながら、村落共同体的地域が失われてきたかわりに、保育園・幼稚園が子育てを柱としたある種の共同体やネットワークとして「地域」の再構成に大きな役割を果たそうとするならば、こうした行事も新しい形態の新しい意義をもった「郷中教育」のあり方として注目されるのではないかと思うのです。

●●●●4 「こわい」思いをこえて

暗闇体験

幼稚園で夏の夕べの集いがありました。真っ暗闇を体験させてやろうと計画し学生たちといっしょに真っ暗な部屋をつくってみました。電気を消せばただでさえ暗い遊戯室の中にダンボールで仕切って十畳くらいの小部屋をつくり、外から部屋までトンネル（運動会の障害物競走で使うやつ）でつなぎ、あらゆる光を遮断してほんとに真っ暗にしました。トンネルはカーブさせてあり、入り口から少し入るともう進む先は真っ暗です。試しに夕方前、先生たちに一人ずつ入ってもらいました。トンネルに入った時点から「ダメーー、アタシーー、イヤーー」と叫びっぱなしの人や、踊りのように手探りをして「ナニー」「ワー、チョット」連発の人など、大人もいろいろ個性的な反応があっておもしろすぎました。このときの反応がすさまじかったので、子どもには少しこわすぎるかなと思ったのがあとで悔やまれるのですが。

　この部屋は夜の幼稚園探険の最終地点で、子どもはこれを迂回してゴールできる「少しだけこわいコース」とこれに挑戦する「おしっこちびるぞコース」を最初に選ぶことができます。五歳児ではほぼ半分くらいに分かれました。この二つの集団が並んで出発を待つときがおもしろいのです。だんだん「……ちびるぞコース」を選んだ列が多弁になり、「少しだけ……コース」の子たちはしんねりしてくるのです。みんなまだ実際には体験したことがないのですから、「想像するしかない状況の中で自分を測って選ぶ」わけです。三歳児たちがほとんど「……ちびるぞコース」にいく（でも実際にはトンネルを入ったところで泣き出して行けなくなるのも三歳児）というのとは違い、五歳児は選んだ自分に昂揚したり深刻になったりするのでしょう。途中で列を移動する子も出てきたりと、揺れ動く過程も貴重な経験です。

暗闇部屋

実際の暗闇部屋の中では子どもの動きが観察できずに困ったのですが、それでも録音した声や音からわかるところもありました。だいたい寡黙になり、声のトーンが落ちます。四歳児は黙っているか「コワイ」と小さな声を出すくらいです。保育者がひっきりなしに声をかけています。しかし五歳児は「うわー、何も見えん」「○○いるか?」「大丈夫か?」「ここさわって」など声をかけ合うことも出てきます。仲間が見えない状況で、仲間がいることを想定し、仲間とともにあることを確認して進むのです。見えないので見当をつけて出口の方向に急いで駆け抜けていく子もいれば、壁づたいにちっとも進まない子もいます。互いに触り合って確かめながらいく子たちもいたようです。出てきた直後はみな緊張がほぐれてホッとしたような顔ですが、「こわかったー」という子がそう言うわりには笑っていたり、緊張した顔で「こわくなかった」と言い張ることもあり、実際の感情とことばによる表現とのずれに、子どもたちの一筋縄ではいかない成長の奥行きを感じてしまうものです。

いろいろ反省点のある試みでした。事前に試しに入った大人たちがあまりにもこわがったので、つい「こわいぞ」と強調してしまったけれど、「暗いこと、まったく見えないことをじっくり体験させる」「必ず一人で入る」など、また話し合って改善していけばいいでしょう。人類史の長い道のりにおいて、光と闇とは毎日の生活の中でさまざまに人々の感情体験を引き起こしていたのであり、その積み重ねが人間の身体にもたらしたものがこの数十年で反故にされつつあることへの、とりあえずの挑戦の一歩なのですから。

日常の自然体験

一九九八年、文部省（当時）は子どもたちの自然体験を初めて調査しました。毎日そこに見えるはずの日の出や日没を「ほとんど見たことがない」小学生は三分の一。「海や川で何度も泳いだことがある」なども半分。「夜空いっぱいの星をゆっくりと見たことがある」のは三分の一しかいませんでした。最近、私は自然とのやりとりを含んだ「食」経験を調査しましたが、教育学部の大学生で「つくしを採って食べたことがまったくない」が二割、「木になっている柿を採って食べたことがない」が三割以上、「川や海の魚を獲ったり釣ったりして食べたことがまったくない」が四割以上いるという結果でした。一方でファーストフード（ハンバーガーなど）では「何度も食べたことがある」が九割以上というのは当然のようです。

日の出、日没や星空、あるいは食べ物というのは、だれでも毎日のようにかかわっていることがらです。その本来的に日常のことがらにおいて自然とのやりとり体験が希薄になっているのです。それは私たちの生活する空間のつくり方、あるいは生活時間の送り方が、この半世紀近く前から大きく変わってしまったことによります。もちろんそれは、自然現象ではありません。社会が選択し実行した「つくり方」「送り方」なのです。「日の出や星空など見なくとも生きていける」「魚と遊ばなくとも、食べたければ切り身でよい」……「赤トンボがいなくなっても売る米はできる」(本書一〇四頁参照)ということです。

そうやってできあがってきた生活の空間と時間の中で子どもたちは生まれ育つようになりました。創り上げた環境の中でしか生きることができず、本来の人間的自然が変容していくことを、「自己家畜化」と言ったのは動物学者の小原秀雄さんでした(9)。家畜動物は人間に飼われるようになって、与えられた食とすみかを与えられ、しだいにもとの野生性が消えてしまい、飼われてしか生きることができなくなってしまったのです。それと同じように人間は人間自身をも「家畜化」してしまったというのです。

金木犀のそばをとおって「トイレのにおいだ」とか、カエルをもてあそんで死なせ

「電池きれた」などというのはまだかわいいものです。幼稚園に入る前の子ども、あるいは保育園に入ったばかりの小さい子どもたちには、うんちをしたくなるとわざわざおむつをはかせてもらう子がいるという話を何度か聞きます。人間がつくった「便利で」「気持ちのよい」紙おむつの中でしかできなくなってしまったわけです。「自己家畜化」の一例でしょう。「コンビニがないと生きていけない」「携帯がないとどう過ごしていいかわからない」などといった若者の声にも通ずるかもしれません。

光と闇

暗闇を体験させたい、そこで豊かな感覚、感情体験を経験してもらいたいという私たちの試みはささやかなものですが、問題意識はくんでいただけるでしょうか。じつは、この暗闇部屋づくりはこれまでのさまざまな実践や体験からヒントを得ています。

十五年ほど前に子どもたちと長野県八ヶ岳山麓にある「星の村」というところに行ったことがあります。村の入り口に、車のライトを消してくださいと書いてありました。そろそろと進まなくてはなりません。建物の内部からいっさい外に光が漏れないようにあらゆる注意がほどこされています。小さな手づくりのプラネタリウムでその日の

宇宙から見た世界の「真夜中」 ©NASA

空の星を教えてもらいすぐに外に出て本物の星を確認することができるおもしろいところでした。そのとき見たアルビレオというはくちょう座の二重星（白鳥のくちばし部分の星で肉眼では一つの星にしか見えないのですが）の美しさはいまも忘れられません。

そこではまた、世界各地の真夜中を人工衛星から撮った写真が展示されていました。いまではどこにでもよく紹介されている衛星写真ですが、当時は珍しくて、衝撃を受けたものです。世界の中で日本列島だけが明るくなっていたのです。私たちは、自然の闇を消滅させた人工光の中でしかもう生きられなくなったのでしょうか。アニメ映画「風の谷のナウシカ」（宮崎駿監督）で「風の谷」の古老たちが、「巨神兵」復活を図って大量の火器で襲いかかる侵略者たちに言うことばが重く響きます。

「あんたらは火を使いすぎる。そりゃ、わしらもちぃーとは使うがな……」。

気の遠くなるほどの長い年月をかけてつくられてきた光と闇のバランスと、それに呼応してつくられてきた人間の身体的精神的自然は、急速に崩されつつあるようですが、一方で実践は希望を語ってくれます。次節では再び暗闇体験の実践に戻ります。

●●●●●5　事にあたる体験

寄せては返す「意気地なさ」

暗闇部屋の試みは、「本当に真っ暗」とはどういうものかを知ってもらうささやかな試みでした。しかし幼稚園の一室につくっただけのものであっても、そこに向かう子どもたちはおおいに揺さぶられていました。それは「真っ暗を知る」という知識体験をはるかに越えるものです。退却と前進の狭間に立ち、決意と逡巡、昂揚と消沈をくり返し、何らかの形で自分を立ち上げようとする（あるいは撤退する）過程といえます。まさに「自我」が激しく揺り動かされる「遊び」と言えます。

『現代と保育』二五号に、小内章さんの「鉱物集め」の実践が報告されました[10]。石拾いとか石集め、石磨きなどの遊びも、身近にふんだんにある「石」が素材ですし、だれでもどこでもできます。まだしたことのない人でも、その辺にある石（もちろん色がきれいだとか形がいいとかそれなりの石のほうがいいのですが）を拾ってしげしげと見ながら「オオー!!」と子どもたちの前で叫んでみてください。まず間違いなく子どもたちも拾い始めます（どう展開するかは「お天気次第」みたいなところもありますので責任はもてませんが）。毎日のようにいろいろな形や色を見つけたり、割って見たり、何かで磨いてみたりしていると、これはこれですごい世界が待っているのだろうなと思います。小内さんの実践の場合、「石拾い」から「金（黄鉄鉱）集め」に夢中になり、それが嵩じて、クラスで廃坑探険や火山探険に行ったりするというダイナミックな広がりを見せました。電車に乗って遠くの山まで行った廃坑での暗闇探険は、幼稚園の一室どころの騒ぎではありません。

かぶったヘルメットにはヨーグルトの容器と豆電球を使った手製のヘッドライト、腰には金槌をぶらさげて、坑道に入ります。中でみんなでライトを消してみようかということになったのですが、なかなか全員が消すまでにいかなかったそうです。最後の一人が消そうとすると別の子がつける……、これをくり返した末にやっと闇になり

手づくりのヘッドライトをつけて廃坑での暗闇探検
小内章「“自然” の中でのドキドキワクワク体験」『現代と保育』25号
（ひとなる書房、1990 年）より転載

ます。「あたりまえですが、ほんとうに暗いんです。何も見えないのだから。映画館みたいになれてくると見えるようになるというものではないんです。ライトをつけるとみんなホーッと安心する。うんと明るく感じるんですね」と小内さんが言うように、暗闇体験は逆にいつもの明るさがどういうものであるかを体験することでもあるわけです。

探険にいくぞという前の期間が長いと子どもたちの揺れ動きのドラマがさまざまに生まれることは、吉田直美さんのガリバー探険報告[11]によく示されています。

夏の合宿で行く予定の「ガリバー村」にいるという「ガリバー」から「勇気を試したい」という手紙が来ました。「【A】オバケは絶対でないコース」「【B】オバケにさらわれないコース」「【C】どうなったって知らないぞコース」のうち一つを選べとあります。最初はほとんどAを宣言する子ばかりでしたが、なんだかんだとしゃべっている（このおしゃべりが子どもの迷いを表していておもしろいのですが、ここでは省略）うちに「B」がポツポツとあらわれました。ついで「Cコースに行くのは勇気がある人」というかっこよさにつられて「C」を選び始めます。「こわさ」と「かっこよさ」の間でふらつきながら、おしゃべりをしていくうちにしだいに（数週間）Cが増えていきます。一時は、合宿で恐ろしいことが起きる予兆のような「事件」が起き、コース選択どころか「合宿に行かんとこ」という子が続出するまでに落ち込みます。やがてみんなでCコースに挑戦しようということになります。この寄せては返す前進と後退の波は探険決行まで二ヵ月くらい続いたようです。その途中、保育者に「Cコースや、さすがやなあ」とおちょくられた普段いばっている子が「おらぁ、おれはAコースって言ってるやろ」とすごい剣幕で突っかかってきたり、「園長がA」「うそぉ」「しょうのない園長やなあ」「もう四三歳というのに」「園長のくせに」など、傑作場面続出です。

事にあたって、どう出るか？

いざ暗闇を前にして「進むか退くか」の決断を迫られるような探険では、揺れ動く感情がいろいろな形であらわれやすいようで、普段とは違う子どもの姿が見られておもしろいものです。見ていておもしろいだけではなく、友だち同士互いに普段とは違う面を見せ合うことにもなり、子ども同士の新しい関係ができていく要素にもなります。小内さんの報告にもありました。洞窟の中はジグザグしていたり階段があったりと次から次へと難題が待ち伏せています。

「……その年のクラスはすごくたいへんだったんです。四歳からの持ち上がりでした。四歳のときは子どもたちがうんとバラバラだったんです。背たけもそうですが、そのうんと背の高い子の中にU君という子がいました。その子はろう下を歩きながら小さい子をなぎ倒していくような子です。欲求不満のかたまりみたいでみんなもこわがっていました。

ところが、洞窟探険に行くと『U君、小内を信じて先頭にならないか』と言ったのですが、『いやだ!』。そしてあまり目立たなかった子が先頭に立って歩きました。

子どもたちはそれを見ていて、ことあるごとに『あのときUはいかなかったなー』といってるんですね」。

私もついて行った、ある保育園の年長クラスで行われた「勇気の鈴」探険でも似たようなことがありました。「勇気の鈴」というのは、「ちえと勇気とやさしさ」が子どもたちについてきたときに見つけることができるというものでした。秋から冬にかけてずっと野山で探していた鈴がいよいよこの洞穴で見つかりそうだというその重大な局面です。覗けばぽっかりと開いた穴の奥は真っ暗です。洞穴の前でみんなが尻込みしてしまい、だれが先頭で行くかでもめてしまいました。普段いばっていた子がこっそり後ろに下がってきています。「○○、いけよ」と私が声をかけると「おれ、今日は、いいわ」と背を向けてしまいました。このとき、いつもはニヘーッとおだやかに笑っているのんびりした子がキリッとした顔になって「アタシが行く」と宣言して前に出たのです。これも語りぐさになりました。

小内さんはUくんの姿を見て「やっぱりいろんな取り組みが必要だな、と思いました」と述懐しています。狭く固定化した舞台でしか子どもが生きていなかったら、子どもたちの関係が固定化したままになります。関係は固定化し、子どもたちの人となりも固定化し、それを評価され、そういう「自分」を見つめさせられ、「変えろ」と言われたり、「そのままでいいんだ」と言われたり……。息が詰まりそうです。

「事にあたってその子はどう出るか」はそんなにあらかじめわかることではないでしょう。その「事」にあたって初めてそう出るのであって、そう出るからその子がそこで一つ豊かになるのではないでしょうか。ぶちゴマのムチをもったあなたは、まわってくれないコマに対してはたしてどう出るでしょうか。ある程度「人となり」が固まっているはずの大人でさえわからないところがあるのです。暗闇を前にして先頭に立つのを「いやだ」と言った子、反対に「アタシが行く」と言った子はもともと「そういう子」だったかどうかはわかりません。その場面でそう出たから「意気地なさ」や「勇敢さ」が一つふくらんだのではないでしょうか。その、当たるべき「事」を豊かにしていくことこそが求められているのだと思います。

注

(1) 森洋子『ブリューゲルの「子供の遊戯」』未來社、一九八九年
(2) 半澤敏郎『童遊文化史』東京書籍、一九八〇年
(3) T・L・ウェッバー（西川進監訳）『奴隷文化の誕生』新評論、一九八八年
(4) 渡辺茂男『心に緑の種をまく』新潮社、二〇〇七年
(5) 渡辺茂男作、山脇百合子絵『もりのへなそうる』福音館書店、一九七一年
(6) 藤田省三『全体主義の時代経験』みすず書房、一九九七年
(7) (6) に同じ
(8) 姫田忠義『子育ての民俗をたずねて――いのちと文化をつなぐ』柏樹社、一九八三年

（9）小原秀雄『人間の動物学』季節社、一九七四年
（10）小内章「〝自然〟の中でのドキドキワクワク体験」『現代と保育』二五号、ひとなる書房、一九九〇年、二一〜二六頁
（11）吉田直美『みんな大人にだまされた——ガリバーと二十一人の子どもたち』ひとなる書房、一九九七年

第二章　遊びのおもしろさと共感をひろげる

●1　ともに生きて対立を楽しむ遊び体験

ごろ野球

小学生のころ、授業の終わりの合図に鐘が鳴ると、私たちはダーッと外のグランドや屋内運動場に走って出てはいろんな遊びをしました。十分間しかない休み時間は前の遊びの続き、昼休みや放課後はたっぷりです。「ごろ野球」「にくだん・いもにくだん」「かたあし」「たすけ鬼」「すもう」「馬とび」「馬乗り」「てんかい（たぶん転回）」「大縄とび（一のまね）」[1]など、一つひとつ説明したくなるような楽しく激しい遊びをふんだんにしました。家に帰れば、コマまわし、竹返し、ビー玉、メンコ、釘差しなどの技系の遊びが主でしたが、少し人数が集まるとかくれんぼや「ポコペン」「かんけり」「石けり」「ゴムとび」などで日暮れまで遊びました。

一九六〇年代の高度経済成長期をはさんで子どもの遊びの条件と内容は大きく変化したと言われています。その変化の一つは、これまで述べてきたように、日常的に自然とやりとりして遊ぶ文化の衰退でした。同じように、大小さまざまな集団でする

「対立を楽しむ遊び」も見られなくなりました。いわゆる「ルール遊び」とか「集団的運動遊び」と呼ばれることのあるものです。一九四〇～一九五〇年代における子どもの遊びの調査を見ると、小学生男子が一番よく遊んでいるのはたいてい「野球」です。このころの「野球」はボールさえあればいろいろな形でされていました。

「ごろ野球」は柔らかいテニスボールを使います。ベースを描いて小さめのダイヤモンドをつくり、十～二十人くらいで二チームに分かれます。かがんでホームベース上に手を刀のようにして待ち、ピッチャーが転がしたボールを手で打ち返すと、あとは普通の野球と同じです。「三角ベース」は文字どおりベースが三つ。チームに分かれるときもありましたが、決めた順番が来たら守備から打者になるというのもありました。アウトになったら交替、セーフなら走者になり、ホームに帰ったらまた打者になります。ホームと一塁だけのときもあります。さらに、打者の打ったフライを捕った人が打者になれるというのもありました。この場合、打者はごろを打っているか、ヒットを打つかしていれば打者を続けられます。壁あてキャッチボールは一人でできます。

そのときの人数と場所と時間の条件に合わせて、自由自在にさまざまな「野球」を楽しみました。ボールやバットさえその時々で多様に工夫されました。ベースはだいたい草やダンボールを使いましたが、置いてある石や立ち木を利用することもありました。

中学生のときには、地区別の野球チームを自在につくり、リーグ戦のように試合をしました。大人はまったく関与なしで、自分たちだけで対戦チーム、日時、場所を決めて進めました。地区といっても境界は明確に引かれていず「おおよそこのあたりで」くらいです。ですから好みによってチームメンバーも動きました。主催もなく、事務局もなく、大会ではなく、そのときそのときの話し合いでまだ当たってないチームと次々と対戦するのです。負けてくやしくて「もう一回」ということもありました。おそらく五十人くらいは参加していたと思います。中学生ですからクラブ活動もあったのですが、土曜日、日曜日にその合間をぬってしていたわけです。

「野球」一つとっても限りなく変種がありました。投げたボールを打ち返すという基本的な対立を軸にして、あとはＴＰＯでルールと形態を自在に選び、創り、決めるというものだったのです。

かつて教育学者の小川太郎さんは、遊びの中では「集団をつくって対抗し、共通のルールにしたがって勝敗を競うものほど近代的である」と指摘し、このような遊びの集団が戦後に大きくなってきたことを「戦後の教育が自主性と協同性を重んじたこと、男女の差別を廃することに力を入れたことのひとつのあらわれと考えられる」と述べていました。(2) 一九五〇年代前後の小学生たちはまさに民主主義社会への息吹の中で、多様な集団的運動遊びを豊かに生み出していったのです。

スポーツと遊び

現在の「野球」はメジャーリーグでも日本のプロ野球でもリトルリーグでもソフトボールでも、極細部（球の大きさとか固さとかバットの制限だとかダイヤモンドの大きさとかストライクゾーンとか）を除けば基本的に同じ「形態」で行われています。ある種完成されたルールと形態に一元化されています。今日のスポーツの多くはそのようなものです。しっかりした共通のルールと形態さえ共有すれば、知らない人とでも対戦でき、それによって逆に互いが親しくなることができます。競って勝つために身体的技術的戦略的能力を磨くという長いプロセスがあり、対戦そのものだけで終わらないドラマが生まれます。必然的にそのドラマを見る「観客」が生まれます。オリンピッ

クはこうした方向の頂点にある祭典でしょう。それはそれで、「対立を楽しむ」ことにおいて人間の生活文化が豊かになっていく一つの重要な方向でしょう。
ですが、成長しつつある子どもたちがどのような体験をしていったらよいのかと考えたとき、「対立を楽しむ」ことにおいて、この方向への発展だけでよしと考えられるでしょうか。たしかにスポーツ自体が、対立のしかたの条件を変えて、変種を生み出して発展していくプロセスを含んでいます。たとえばフットサルやビーチバレー、スケートのショートトラックなどなど。しかし子どもたち自身の創造体験として、その子どもたちのそのと

きの条件次第で多様さを創り、選ぶということがあるかというと疑問です。子どもにとってはスポーツ競技の新しい変種も、すでに完成されたルールと形態をもったものとして与えられます。その場で、その子どもたちで、「事にあたって」どう出るかという体験としての遊びではないのです。

失われてきたのは単に「集団で身体を動かす体験」ではないのです。一九六〇年代に初めてつくられたスポーツ少年団の目的は、東京オリンピックに向けて「競技力の向上」というものでした。以来、野球、サッカー、バスケットボール、あるいは複合型のスポーツ少年団が組織されてきました。現在は約百万人ほどの小学生が参加しているようです。一九七〇年代になって子どもたちの野外での遊びの衰退が問題になってくると、次第にスポーツ少年団がそうした問題の解決策の一つとして位置づけられるようになりました。「子どものスポーツ活動は遊びから」という理念的な発展もありました。

ところが実際には、指導者や保護者の考え方によっては、全国大会や地域の競技大会での勝利をめざす活動が重視されることも多いようです。レギュラーになれないとか、試合に出ると足をひっぱりそうだとか、厳しい練習についていけないというような子はおもしろくなくて抜けてしまいます。そうなればこれは、「ごろ野球」や「三角ベース」を集団で創造的に楽しむ遊びとは大きく違ってきます。

「スポーツ少年団の活動が遊びの代わりになるか」と問い返されているように、子どものスポーツは常に「対立を楽しむ遊び」との関係が問題になるのです。

無法バスケット

私の娘は小学生のときミニバスケットボール少年団に入っていました。厳しい練習もありましたが、ボールを扱う技術を磨くことのおもしろさや、協力して試合に勝つことの楽しさ、負けることのくやしさなど、いろいろな経験ができました。練習試合や合宿で仲間といっしょに遠くまで出かけることも楽しいことだったようです。入って三年目、とくに同学年の仲間はなかよしになり、バスケット以外の場所でも、いつもいっしょに遊ぶいい友だちになってきました。

ある日、彼女たちは、庭先に立ててあるゴールでバスケットボールの遊びを始めました。ワーワーキャーキャーと大笑いしながらやっています。シュートが決まると「イェーイ」などと試合では観客しか出さないような声を出すので、練習のときとはまったく雰囲気が違います。二〜三人ずつに分かれ、ボールを奪い合いながらシュートするのですが、見ると、なんと「ルール違反」だらけです。シュートする相手の手をたたく、つきとばしてボールを奪うなどの「ファウル」をし放題なのです。こんな基本的な反則をしていてはスポーツとしてのバスケットは成り立ちません。でも、この「庭先無法バスケット」はえらく楽しそうです。ついやってしまったというものではありません。明らかに「無法」ですることを「了解」し、それが大きな楽しみでさえあるのです。

彼女たちは分けていたのです。この場所、この時間、この友だち同士だからこそできる「無法バスケット」と、チームで練習し、試合をするスポーツ競技としてのバスケットと。この同じ子どもたちがする二種類のバスケットをどのように考えたらよいでしょうか。

ルールなしでも「対立を楽しむ」ことはできる

前に、一九五〇年代の小学生の野球にはたくさんの変種があったことを紹介しましたが、じつはまだまだ変種はあったのです。柔らかいテニスボールや布や毛糸をぐるぐる巻きにしたボールなどで「野球」を楽しんだとき、終わりごろにボールのぶつけ合いが始まったりします。転がったボールを我先にと奪い合い、奪ったらだれでも近くにいる者にボールをぶつけるのです。ボールを取りに殺到しますが、自分が取れなかったらすぐに逃げないとバチンと当てられてしまうので、スリル満点です。頭や顔を狙ったりします（ドッジボールでする「めちゃぶつけ」の場合はさすがに顔は狙っていなかったと思いますが）。強烈に当てられて痛いのですが、それがおもしろかったりするのです。

投げる、打つという基本的な対立を残し、あといっさいのルールをはぎ取ってしまうような遊びになるわけです。「無法バスケット」も同様です。ボールを奪ってゴールにシュートする、それを防ぐという基本的な対立行動だけを残してルールを取り去って遊ぶのです。

レスリングや相撲などの格闘技はルールなしにはスポーツとして成立しませんが、しかしそのルールを取り去って格闘を楽しむこともあります。いわゆる「じゃれあい」です。私はかつて「ルール遊び」という従来の呼び方を「ルールのある遊び」と言い替えたことがあります。[3] さらに最近では「対立を楽しむ遊び」と言うことにしています。「ルール遊び」では、「ルールなき対立遊び」を位置づけられないし、とりわけ幼児たちのするこの種の遊びをどう評価し、どう「援助」「指導」したらいいのかということにとって重要な問題があると思われるからです。

ルール化と無法化、そしてより激しくよりおだやかに

「庭先無法バスケット」は小学校高学年の子どもの話でした。彼らは、少年団でするスポーツとしてのバスケットと、仲のいい友だちと庭先でする「無法バスケット」とを分けていました。一方で、ゴールしたりそれを防いだりするしかたを細かく取り決めているたくさんのルールにしたがって勝ち負けを競うバスケットと、他方でそのルールを取り払い「高いところにあるかごにボールを入れる」「それを防ぐ」という対立だけを楽しむバスケット。後者は勝ち負けを競いはしますが競技のように決着をつける必要はありません。

この対極にあるような二つのバスケットの分化は、「対立を楽しむ」遊びの二つの方向性を示しているようです。基本的な対立を共通項にもちながら、このような対極の形態に分化していくような遊び（またはスポーツ）はこのほかにもたくさんありま

す。

野球やドッジボールと「めちゃぶつけ」、さまざまな格闘スポーツと「じゃれあい」「プロレスごっこ」（ある種のプロレスはじゃれあいの無法とスポーツの技をショーとして進化させた文化）、剣道やフェンシングと「ちゃんばら」など。

経験を積んで小学校高学年にもなると、これら両方を明確に分けて楽しめるようになっているわけです。年齢が高ければ、両方のタイプとも対決、対立はかなり厳しいものにもなりますが、逆にゆるやか、おだやかなものにもなります。スポーツは、「真剣勝負」とも言われるような競技と、草野球やストリートバスケットなど同好会的なものとに区別することができます。中学校や高校では、運動クラブに入る子どもに二種類の方向性が共存してクラブ運営がむずかしいという悩みがあるそうですが、大学ともなると体育会系運動部とサークル系同好会とにはっきり分かれます。

一方、「じゃれあい」もかなり強い身体的な痛みを与えあうような激しいものになるときもあります。「痛めつけあい遊び」と言ったほうがいいくらいです。他方でほとんど「対立」ともいえないような比較的おだやかな相互的なやりとりもあります。四六時中じゃれあっている場合もあれば、一瞬で終わるような「からかい」「ちょっかい」もあります。

このような「めちゃぶつけ」とか「じゃれあい」が、痛みや「屈辱」をともなってかなり激しい対立になったとき、これがけんかにならず、遊びとして楽しいものに展開するのはなぜでしょうか。昨今の「いじめ」は、「遊び」の体裁をとりながら、あるいは「遊び」を口実にしながら一方的に痛みや「屈辱」を与え続けるものです。このような「いじめ」にはなくて、相互的な「じゃれあい遊び」を支えるものはなんでしょう。明示的なルールのとりきめがあるわけではないのですから、ルールの理解・遵守・創造の力ではないでしょう。

一つには、生物学的な基盤があります。人間以外の動物の子どもでも、闘い遊びは広く見られます。そこでは動物の子どもたちは、真の闘いにまでいかないという「寸止め」行為の技と真の攻撃ではないことを伝え合える信号をもっています。咬んだりひっかいたりたたいたり倒したり頭や角をつき合わせたりする行為は、相手に傷を負わせないように手加減されます。そして、しっぽや耳や身体の動き、あるいは顔の「表情」などで、真の闘いではなく遊びであることを知らせ合っています。遊びにおけるこのような行為と了解は、遊びながら成長していく動物たちには必須です。かなりな程度それらの能力は生まれながらにもっていると言えるでしょう。

種によって違いますが、実際の遊びの経験を積みながら洗練されていく部分が大きい動物もいます。人間に近いと言われるチンパンジーなどでは、こうした遊び経験がないと仲間との情動的社会的関係がうまくつくれなくなってしまうという報告もあります。小さいときの母子関係がうまくいかなくても仲間とのこうした遊び経験がなされていれば普通に成長するということもありますから、闘い遊びや「じゃれあい遊び」の意味はかなり大きいと言えます。

人間の子どもの場合、このような遊びの生物学的基盤がどの程度あるのかはあまりよくわかっていません。こうした遊びは文化的に定着した技や道具（そしてルールも）を必要としないので、より普遍的に見られてもいいのですが、必ずしもどこでも見られるというわけではありません。時代的にも地域的にも子どもの育つ社会的環境は大きく違っていて、その違いを越えて必ず子どもにあらわれる遊びだとはいえないのです。そして、現代の日本では以前よりずっと見られなくなったと思われるのです。したがって、この遊びの生物学的基盤は、きっとあるだろうと思われるのですが、社会的文化的な状況に打ち勝つほど強固なものではないということになるでしょう。

それでは、「じゃれあい」や「痛めつけあい遊び」を支えるものが、弱い生物学的基盤だけではないとしたら、何があるのでしょう。

「なかよし」が支える

知った人を見つけて後ろからそっと近寄り、「ワッ！」と驚かせたら、知らない人だった。と、これはなかなか大変なことになります。よく知った人だからできるいたずらだからです。同じように「無法バスケット」や「めちゃぶつけ」「じゃれあい」もなかよし同士でします。ルールにもとづいてするスポーツは初めて会う人とでもできますが、ルールがなくしかも激しい「対立を楽しむ遊び」はなかよしでないとできないのです。

動物の「じゃれあい遊び」もじつは、きょうだいが相手となる場合がほとんどです。霊長類の場合でも、同じ群れで小さいときからともに暮らしている仲間です。野生動物のきょうだいや群れの仲間というのは、本来的な存在として「対立しながら共感する」関係を揺れ動きます。わけまえのもととなるエサをいっしょに目前にして（共同、共感）、自分のわけまえは少しでも増やそう（対立）という関係にあるのですから。

人間の家族の場合もきょうだいが多ければそれに近い状況がありますが、昨今のきょうだい数の減少は、たとえば食べ物をめぐるきょうだい間の「対立」をなくし、ひいては対立しつつも共感するという感覚をなくしているともいえるでしょう。

私の子どもたちは四人きょうだいで育ちました。子どもたちが小さいころ、ある日、別の家庭の二人姉妹のうち下の子（しかも姉と六歳離れている）が一人で泊まりにやってきました。食卓にどんと出されたウィンナーソーセージの山に「オオー」「ワー」とか言って食べ始めました。しばらく食べていて、その子がソーセージにまた箸をのばすと、いきなり私の子の一人が「おまえ何個食べた?!」と声を上げました。言われた子は何を言われているのかわけがわからず目を白黒させていました。出されたものはいつも好きなだけ食べられる子は、自分が何個食べたかなど考えもしないことです。一方、私の子どもたちは、個数のある食べ物が皿に盛られた場合には、自分が何個食べたかを確認しながら追及に備え、ほかのきょうだいがどのくらい食べているかに目を光らせる……。喜びと緊張のまざった毎日の共同生活。強弱さまざまなレベルの「対立」感覚は、揺れ動きながら、強固に蓄積された喜び、楽しみの共感やともにいることの安心感に覆われおさめられていきます。つまり「対立」は、相対化され、遊ばれていくのです。

共生感覚を生み、ひろげる

対立を遊ぶことのできる共同体感覚、あるいは共生感覚こそが「なかよし」なのだと思います。食べたり、寝たり、どこかにいっしょに行ったり、いっしょに何かを見つけたりという生活がくり返される中で、楽しいこと、うれしいこと、悲しいことをたくさん共有している者同士に芽生えてくる感覚です。ともにいることにおいて、互いに「正体がしれている」とでもいうような安心感の漂う間柄の根の深い感覚です。

そして人間の場合、それは家族やきょうだいの間だけに形成されて終わるものではないでしょう。ともに暮らし遊ぶ仲間に広がっていくでしょう。チンパンジーの遊び仲間はせいぜい成体も含めて百頭前後の生活集団の中の、十頭、二十頭の子どもグループですが、人間は長い子ども時代の間にはるかに広い社会的関係を結び続け更新し形成し続けます。

しかし、現代の子どもは、家族やきょうだいとの間でさえもまだそういう共生感覚を創り上げていないうちに、あるいはそれが家族やきょうだいに固定しすぎてしまってから、いきなり広い社会的関係を結ばざるをえない状況に投げ込まれます。ともに暮らして共生感覚を醸成する間もなく他者と関係せざるを得ないのです。そのため、「ルール理解」や「思いやり」「やさしさ」などの人間関係論を子どもに教え込もうとする教育が先行し、共生感覚を生み出す土台となる毎日の生活のありように目が向かない状況があるのです。ともに食べることをせず、ともに寝ることをせず、ともに遊ぶことをせず、いきなりルールないし道徳にもとづいた契約的、倫理的社会関係を結ぶ主体であることを求められたりするのです。あるいは主体ではなく競争させられる対象になっているだけかもしれません。競馬場の馬はルールにもとづいて競走させられますが、走る馬同士はともに暮らさず、対立を楽しみ合うこともけっしてなく、したがって友情を育むことのない関係しかもてないように。

しかしながら社会と大人はそのために、共生感覚を持ち合う関係を子どもとの間にすぐに上手に結び、それを子どもたちにも広げていくことのできるプロを生み出しました。それが保育者です。保育者とは、子どもとともに暮らし、ともに食べたり、寝たり、遊んだりして、日々刻々の楽しみと喜びの分かち合い感覚を蓄積しながら、そのような分かち合い感覚を子どもたちに、さらには親たちにまでしっかりと広げ定着させていく仕事の専門家なのだと思います。

命がけ鬼ごっこ

ある研究会で報告された鬼ごっこです。名前からしてすさまじいのですが、中身を聞けば戦慄を覚えます。保育園年長児の男の子、なかよし五人ぐらいでするのだそうですが、朝集まって「いのちがけ、やるぞ」「よっしゃ」と始まり、鬼を決めてからずっと一日続いたりするというのですからすごい。鬼は自分の鼻くそを丸めます。それを逃げる子を追いまわしてくっつけるのです。くっつけられると鬼は交代ですが、このときつかまった子はくっつけられた鼻くそにさらに自分の鼻くそを丸めて加えます。鬼が交代するたびに鼻くそは巨大になっていき、恐怖はいや増していきます。逃げるほうの必死さはいかばかりでしょうか。

この遊びのすごさは、これが朝のお集まりのときも、給食を食べるときも、なんとお昼寝のときも続くことがあるということころにもあります。おちおち給食など食べていられないのです。眠ってしまうことなど論外です。すさまじい緊張が続くのでしょうが、しかしこれがまた互いに腹を抱えて笑い合うほどおもしろいようです。端で見ていて「うらやましい」「自分もやりたい」ほど盛り上がっているのですが、いざ参加するとなると勇気がいるそうです。その保育者、意を決して「入れて」もらったそうですが、五分くらいで耐えきれず「抜けた」そうです。その遊びをずっと見ていたある女の子は、自分の好きな男の

子がついにつかまるや、やおら自分の鼻くそをほじくって鬼になった男の子にあげにいったといいます。本当は自分が入りたかったのか、それとも好きな子への一途な想いなのか……、いずれにしても子ども心はいじらしい。

パンツ鬼

これは私の目の前で起こった鬼ごっこ。ある日の年長児クラス。どうやって始まったかは見ていませんでした。たぶん保育室に落ちていたパンツをだれかが拾い、棒の先にひっかけてだれかの鼻先につきつけたのでしょう。発見したときにはもうすでに五〜六人がわいわい言いながら逃げまわり、一人が棒とパンツをもって追いまわしていました。ホールからランチルームから廊下も使って大笑いしながら逃げたり追いかけたり。パンツをつけることが「タッチ」で、それでちゃんと「鬼」の交代です。だれからともなく「パンツ鬼」と名前がつけられていました。

鬼になったAくんは、保育室のロッカーにおさまって絵を描いて遊んでいたBくんに「タッチ」していました。Bくんは突然パンツをつけられて驚き顔を手で覆って泣いてしまいます。と思ったら、違いました。泣いているふりをしながら、覆った手の指の間からそっとあたりの様子をうかがってます。泣かせてしまったと思ったAくんが覗きに来たところで、Bくんは「ワーッ」と声を上げ、パンツつき棒を手にしてAくんを追いかけ始めました。顔は笑っています。これでBくんも参加ということになったのですが、いつの間にか女の子も含めて十人くらいにふくれあがっていました。しばらく盛り上がっていましたが、給食の時間がきて終了となります。「だれのパンツや?」ということでみんな自分のじゃないと言いはります。書いてあった名前で「これAくんのや」と判明。「違う」と否定したAくんも「だって○○って書いてある」と三回言われて「あっ、俺のや」とバツの悪そうな顔をしてしまい込みました。愉快なオチがついて終了です。

「なかよし」と「ルール」の間で

「庭先無法バスケット」と「競技バスケット」のように、小学校の高学年にもなればなかよしでする「じゃれあい」「痛めつけあい」の遊びとルールにもとづいた遊びや競技をはっきりと分けることができます。同じ対立を楽しむ遊びでも、かなり質の違う遊びとして時と場合によって「遊び分け」ているのです。一方でなかよしが進んでかなり激しい対立を楽しめるようになると同時に、ルールにもとづいてだれとでも集団的ルール遊びやスポーツをするようになるのです。

小学生はもちろんその中間的な遊びもします。学童保育の実践では「痛めつけあい」にルールが持ちこまれたりする遊びが多く報告されています。たとえばドッジボールを使った「ベンチあて」という遊びは、当てられるほうはベンチに座ったままでそこから腰を浮かせて動いてはいけないというルールがあります。投げる（当てる）ほうは適当な距離（これもそのときによって決められ線が引かれる）をおいてベンチに座っている子に投げつけます。ボールを受けてつかむことができたら交替します。ボールをつかみ損ねればずっとそのままです。かなりこわそうですが、「めちゃぶつけ」からルール化への方向に揺れもどったものです。この場合は、参加する仲間は少し増えることができるでしょう。「めちゃぶつけ」にルールを取り決めるということは、かなりのなかよしでなくては対立を遊べない状態を抜けて、少しなかよしならばともに楽しめる状況になるということですから。

学童保育のように、ともに「生活している仲間集団」では、ルール性のレベルと対立の激しさのレベルの両方において多様な形態の遊びが豊かに創り出されていきます。

その多様さの二つの極にスポーツと激しい「じゃれあい」が位置しているともいえます。そういう遊びに参加する子どもの数は、遊びの内容によって小集団でなければできない場合もあれば、「みんなで」できるような場合もあるということです。どちらが価値があるということではありません。「ルール遊び」＝「集団遊び」＝「クラス全員ですることがよい」＝「ルールを理解し守れるようにする」という図式や、要求を出し合って相互に解決し実現していく質の高い集団的関係に対して、「なかよし」関係は質の低い人間関係であるという発想は、揺れの一方向だけに向かう「指導」「援助」になりかねません。揺れのどちらかに固定的に価値を求めることは、この種の遊びを狭め、子どもたちの結ぶ関係を貧しくしてしまうことになるのだと思います。

幼児の場合では、このような対立のしかたと程度はまだ多様なレベルの遊びに分化しておらず、ちょうど中間的なところで揺れ動いているわけです。明確な両極への分化がまだない状態ですから、なかよしだけでする強い対立の遊びも、大集団でときには対外的にまでなるスポーツのようなルール遊びもしないということです。逆に、ある程度なかよしであれば少しルールも含んだ形で鬼ごっこやじんとり、どろけいなどのような遊びができるということです。中間的なところで揺れながら生まれる遊びをこそ、幼児期にたっぷりと楽しめるようにしてやりたいと思います。
「命がけ……」や「パンツ鬼」はそういう遊びの揺れをたくさん経験できる生活の中から生まれたものといってよいでしょう。「命がけ……」「鼻くそをくっつける」という激しい対立を遊ぶわけですから、これはごくなかよしの友だち同士でしかできません。「パンツ」は「鼻くそ」よりはまだまし（?）ですから、女の子も加わり十人ほどまで広がっています。「命がけ……」はくり返し何日も遊ばれますが、「パンツ鬼」はひとときの遊びで終わり、明日もやろうぜとはなりませんでした。「オカマ鬼」（スカートをはいた鬼がコにタッチすると交替するという遊び）はクラスの男子が大勢でする流行の遊びだったということですが……[4]。以前紹介したことのある「人間ラグビー」は、ボール役の子がゴールをめざし、敵チームがそれをタックルで倒そうとし、ボールの味方がこれまたタックルで防ぐという、クラス全体でする荒々しいものです[5]。これが可能となるのはその保育園やクラスで相当に経験を積まなくてはならないでしょう。

幼児の場合、なかよし同士でできる「じゃれあい」や「痛めつけあい」でも、それほど激しいものにはなりません。いくらなかよしでもかなり強い痛みを含んだ対立にまでふみこんで遊べないと思われます。それは逆にいえば、ルール化への揺れも容易だと言うことです。○○マンごっこのような遊びに「逃げ込める安全地帯」「バリアー」などの「ルール」をもちこめばすぐに鬼ごっこになりえます。[6]

報告される幼児の遊びはこのようにオリジナリティーにあふれたものですが、それぞれが生まれてくるには、対立を楽しむことの豊富な経験が仲間やクラスにあったと考えてよいでしょう。時と場所と社会的条件（人数やメンバーの内容）によってその遊び手（対立する当事者）自身がルールを決めたり変えたりなくしたりし、やり方・遊び方を決めていくという体験の豊かさの問題です。そのとき参加する仲間が多ければそれなりのやり方を、少なければ少ないなりの遊び方をすること。そのとき場所が、道具が、あればあったなりの、なかったら、探すかつくるかあきらめるか……。そうやって自分たちの楽しみ方を自分たちで創り、選ぶという体験です。「対立」のしかたを創り、選び、決めるというのは、遊び手という大小親疎の仲間同士のすることなのです。

私たちは、複雑難解な法律を理解しそれに則って仕事をしている優秀な政治家や官僚、あるいは企業のトップが、いとも簡単に汚職や詐欺、脱税事件を起こしたり巻き込まれたりするのをいやというほど見せつけられています。「事にあたって仲間同士でどう出るか」が問われる状況に、子どもたちが日々立っていることの意味の大事さは明らかでしょう。

●2 ごっこの真心——自我拡張の舞台は現実

見えないジュースでも「取られた」ら

二歳児クラスの散歩について行ったとき目撃した話です。みんなでジュースの自動販売機の前でお茶やジュースを買うまねをして遊びます。それぞれにお金を入れるふりをしたり、ボタンを押したりして下の取り出し口から缶を取り出しては飲むふりをしています。ボタンは上の方にあって子どもでは手が届きません。M子（三歳一ヵ月）は保育者に抱っこされて押しました。ちょうどM子が下に降ろされたとき、S子（二歳九ヵ月）はその下で、お金を「入れ」たあと、取り出し口から「缶」を取るふり（代理物はなく身ぶりだけ）をしました。手が届かない「ボタン押し」は省略していたのです。ごっこではよくあることです。そのS子のしぐさは、M子が保育者の腕から降りてまさに「缶」を取ろうとしたそのとき、M子の目の前で起こりました。するとM子は、自分のジュースが取られたと思ったのです。M子は泣きだし、保育者にS子に取られたと訴えます。S子がお金を入れたところを見ていなかった保育者は「それ、M子のやんかー」(「M子のジュースだよ」)と言いながら、泣いているM子を再び抱っこしてボタンを押させました。きょとんとしているS子。M子は今度は無事「缶」を手に「取り」にっこりしたのです。

「取られた」と「思った」M子の悲しみや怒りは本気です。泣きまねではありません。うそっこではないのです。二回目の「ボタン押し」のあと、「缶を取りだしてにっこり笑う」喜びも演技ではなく本物です。

実際には缶はなくジュースが口に入るわけでもありません。M子がそのことに怒ったのではないのです。見えない缶を取り出し飲むふりをするごっこだという状況は、二歳児にとっても明白です。ですが「取られた」と思ったその心情は本物なのです。さらに言うと、保育者がM子の「缶」が取られたと思って、S子に少し「抗議」したその心情もふりではありません。ごっこの心情は本物。すごいことです。

「真心にうそはない」

思い出されるのが、娘さんが三歳半のころのエピソードとして加用文男さんが書いてくれた次のようなエピソード。ちょっとお借りして考えてみます。

カミさんが風邪をこじらせて寝込んだことがあります。夕方でしたが、長女、心配そうに寝床にふせっているお母さんを覗き込み、「お母さん、大丈夫? お熱ある?」などといいながら額にさわったりしています。母親の方も心配かけまいと「うん大丈夫よ。そのうちすぐよくなるからね」などとことばをかけていました。長女は、その後もいそいそと立ち動いて、タオルを持っていったり、出てきたり。「のど痛い?」などと尋ねたりもしています。

「はい、あーんして」「お熱もはかりましょうね」

あれ、何だか口調が変だなとカミさんと顔を見合わせていると、そのうち棒形の積み木を持ち出してきて、カミさんの脇の下にあて「まだ少しお熱がありますねえ」などという。ごっこだったのです。病気の母を気づかう真心にうそはないと感じつつも、二人で思わずヨヨヨとずっこけてしまいました。(7)

積み木の棒を体温計代わりにして母を看病する三歳の女の子ですから、ごっこだったと考えて無理はありません。彼女の口調がおかしいのもごっこを推定させるものです。年齢的に考えてもごっこ遊びが頻繁に出てくるころです。

しかしながら、「真心にうそはない」……。ここでもごっこに見える行動の心情は本物のように見えます。「ごっこはうそっこ」、みたてやつもりが眼前の現実をこえる想像力や表象の発達のあらわれ、という「発達心理学」的な見方が、真心をちゃんと見ることを妨害しているのかもしれません。

私の四人の子どものうち、三人（男一、女二）はそれぞれ年長児のころ、食事時にレストランごっこをよくしていました。椅子をきちんとテーブルの下に入れ、勝手に引いて座ろうとすると「だめ」と言い、「いらっしゃいませ」と言って椅子をひいてくれます。そうやってみんな（おかまいなしの子が一名いましたが）を座らせ、ナイフやフォークがきちんと並べられています。メニューのつもりで紙を差し出してきて（書いてあるときもありました）「なんにいたしましょう?」とか聞いてきますので、その日の献立を言うと「かしこまりました」とか言って、料理を持ってきてくれるのです。わざと違うメニューを言うと「あいにく今日はきれていまして」などとかわします。「お待たせいたしました。どうぞごゆっくり」のあとは、食事になりますが、今度は自分がフォークとナイフを使って客のように食べ始めたりします。途中で「おしょうゆをとっていただきたいのですが……」などとあらたまった口調でお願いすると、思い出したようにいそいそと行動し「どうぞ」などとやさしくわたしてくれます。

こういう遊び（食事？）が何日か続いてだんだんしなくなり、ときどき思い出したように復活してはまた消えていく……。

実際の食事のときにしているので、ごっこ遊びなのかどうか、境界はあいまいです。勝手に座らないとか、注文するとか、ちゃんとフォークやナイフを使わなければいけないなど、日常からは多少外れます。しかし、使うものはすべて本物ですから、みたてはありません。周囲の物や状況はまず正しく知覚され判断されていて、行為が逸脱しているようなことはなく、食事の進行が大きく崩れることもありません。これも「うそと知りつつ」ではありません。「レストランに行った気分でお食事を」という遊び心のあらわれです。「今日は外でちょっとバーベキューを」「今日は電気を消してろうそくの灯りで」「流しそうめんで食べよう」など、「今日はこういうふうに食事をしよう」というのは無数、無限にありうるわけですが、「レストラン気分」はそのうちの一つと考えられます。それは「ホント」の食事に対する「うそっこ」などと考える必要はないわけで、いわば生活を豊かに送るということの一つです。

交通整理ごっこ?

右側は谷、左側は山で、対向車と擦り合ってしまうような山あいの狭い道路でした。天藤真の小説『大誘拐』(8)の舞台になった龍神村を見たいと家族で一泊旅行に出かけたときでした。くねくねと折れ曲がった道なので見通しが悪く、休日にどっと繰り出した人々の車の列が両方から詰まってきて、にっちもさっちも行かなくなりました。前の状況がわからない後続車が詰めてくるので動けなくなりました。山の中とて、おまわりさんがいるわけもありません。もうあちこちで対向車同士、ガリガリ擦っていますが、だれも文句も言わずあきらめています。事にあたってどう出るか。私は意を決してハンドルをかみさんにまかせ、交通整理に出ました。同じように出てきた数人の人と協力して、双方向から後続車が来ないようにし対向スペースをつくります。ずーっと後方も止める必要があるので山道を何度も駆けて往復しました。頭を下げ下げ、身ぶり手ぶりで車を止めたり進ませたりして三十分くらい奮闘したらようやく車は流れ出しました。車に戻って一息つくとかみさんが「ごくろうさん。あなた、生き生きしてたわよ」。

なんと、この深刻な状況で「生き生きしてた」ですと！　し、しかし、そういえば、なんとなくはりきっていたような、充実していたような、うれしいような、違う自分を見つけたような……。ひょっとしてこれは？　そうか、交通整理係さんごっこだったのか！　この新しい困難な状況の中で、私は事にあたって、いや、事もあろうに、ごっこをしていたのか？　ううーむ、そうかもしれない……。だけど「ごっこ」というのは「うそっこ」なんだから、やっぱりごっこではないだろう？　助手席で私は景色も見ずに悩んでいたのでした。

みたてる物もないし、目的ははっきりとしていて問題が解決すれば終わりですし、そこに向かって一生懸命汗をかいている実際的行動です。いい大人がそんな状況でごっこ遊びをするわけがありません。まず決してごっこではありえないはずの私の行動ですが、ひょっとしたら「もしかして」と思わせるような何かがあったのでしょうか。ごっこではない状況は明らかなのに、なぜかごっこのときの子どもの心情がかいま見えるのです。私は「はりきっていた」。そういえば、ジュースのボタン押しも、看病も、レストランのウェイトレス（ウェイターも）もみな、はりきっていた……。

オオサンショウウオの卵

幼稚園の園内研究会で四歳児クラスの先生が報告してくれた例です。

四人の男の子がテラスで興奮した様子で洗面器に何か入れています。見に行くと「先生、オオサンショウウオの卵見つけた！」と口々に言うではありませんか。見ると水の中にクスの木の実がたくさん入っていました。大きさはオオサンショウウオの卵と同じくらいですから、そこから連想したのでしょうか。秋も深まり実は紫から黒に熟して、クスの木の下を中心にあちこちにたくさん落ちています。本当にサンショウウオの卵と思っているのではなく、「見つけた」というごっこ遊びをしているのかなと先生は思ったのですが、それにしては興奮のしかたがえらく真に迫っています。生きもの好きのTくんが「これ、オス。これが……メスやろ、これは……」と指さし、またKくんは手を広げて「こんなにおおきくなるんやに」と先生に教えてくれます。

さらにRくんが「見たことある！」と興奮気味に言います。「へー、それじゃこんなに卵があったらたくさんサンショウウオになるね」と先生が言うと、何か思いついたらしく、Rくんは「塩水がほしい！　塩水につけとかないかんの」と主張しました。それに呼応してKくんも「塩水！」と叫びます。そうこうしているうち、テラスのそばにある花壇に水を入れ始めました。虫かごを堤防のように並べ水を入れて池のようにします。Rくんは「もう塩水いいわ、ここを池にしたから」と「卵」を池の中に入れます。先生が「そこは塩水じゃなくてもいいの？」と聞くと、「池なら別にいいの、塩水じゃなくても」と言います。

その後しばらくしてまた見に行くと、Kくんが「卵、全部死んでしもた。流れてったんやもん……」とがっかりした様子です。水がうまくたまらず「卵」といっしょに花壇の外へ流れてしまったようです。「残念やったねぇ……」となぐさめると、Kくんは「でも卵が全部オオサンショウウオになったら虫かごで飼えへんからな……」と自分にも言い聞かせるようにつぶやきます。「そうか、そうだね」と先生。するとRくんが「あの池で飼えばいいやん！」とビオトープの池を指さしました。そのときKくん、クスの木にたくさんついている実を指さして「うん、そうやな。それにまだあそこにいっぱいあるし！」

オオサンショウウオの卵と言っている丸いものはクスの実です。その辺にたくさん落ちている実です。言ってることもよくよく考えてみればおかしいことだらけです。「卵のオス、メス」がわかるわけもないし、「塩水につける」ということも腑に落ちなければ、「池」も簡便です。見ている先生にとっては状況は明らかにごっこです。ですが、先生は「子どもたちはほんとにクスの実を卵だと思っているのではないか」と感じてしまったのでした。

冗談を言い合っているのではないのです。子どもたちは園庭で虫や小動物をつかまえると「どうやって飼うか」について熱っぽく語り合うことがよくあります。どこで飼うか、エサはどうするか、何を入れるか、ああした、こうする、見たことがあるとか、なんとかかんとか……。そういう会話では、人から聞いたこと、テレビで見たこと、図鑑で読んだこと、自分の経験などが雑多にとび交います。そのときの雰囲気です。口調もごっこのようではありません。探険遊びなどで三、四歳児クラスの子（時に五歳児クラスでもあります）が、望遠鏡だと言ってトイレットペーパーの芯にひもを通して首からぶら下げるようなことがあります。大人から見れば、「そんなんで遠くが見えるわけないだろ」「あんたらごっこ遊びするのかい」と言いたくなる代物ですが、彼らは大まじめだったりします。

オオサンショウウオの卵だと思っているその心は、真実味が感じられるのです。状況はごっこ（うそっこ）ですが、この「ごっこ」の中の「思い」のほうは「ホント」なのです。保育者が応答するのは「ホントの思い」に対してでした。たいてい保育者はそうしているのです。保育者のみならず、いっしょに遊んでいる仲間も、遊び相手のホントの思いに対してホントの思いで応答しているのだと思います。

思いと現実の行動

ところがです。この「ホントの思い」というのは、その場の実際の知覚や行為（及びそれから生じる感情）と何かしら「ずれている」場合があるのです。というより、そういう多少ともいまそこにない世界への思いというのは、現実の知覚や行為とずれている場合のほうが多いのです。そのずれこそが人間に特有の希望と苦悩の根源でもあるわけですが……。

この「ずれの様相」は、「ずれていることの自覚の様相」とともにまことに一筋縄ではいかない多様さともつれ方をしています。心理学者はそれを解きほぐそうと懸命ですが、子どもはそんなことを気にせず、どんどんとずれを創り出してくれています。

二歳とか三歳前後の子どもが、大人の靴を履いて得意げに歩いたりするのをよく見ます。反対に小さなお人形さんの履くミニチュアの靴に足を入れようとすることもあります。お父さんの革靴は大きすぎて足は入りますが歩きにくく、お人形さんの靴はそもそも足が入りません。しかし、このとき、子どもはその知覚的状況に対して適切に対応しています。大きい靴に対しては足で引っかけてひきずるようにして歩きます。つまり歩き方を靴のサイズに合わせて変えているのです。小さすぎる靴には足を入れようとは試みますが、すぐに無理に入れようとはしなくなります。できないこ

とには素直に従うのです。ミニチュアの車に乗ろうとする子どもはお尻から入ろうとしたり、上に乗ったりする（実際の車ならそうしない）と報告した心理学者もいます。歩きにくいことにも、足が入らないことにも、ミニチュアの車に乗れないことにも怒りはしません。ですから見間違えているというものではありません。

「電車に乗る」という思いは、じつにさまざまな状況で「実現する」のですが、知覚的、身体運動的な対処はみな「（未熟さも含めて）適切に」展開されます。大型積み木を並べた電車、ダンボール箱を並べた電車、その底を抜いてみんなで持って歩く（！）電車、散歩先で見つけた石段の電車、輪にしたロープ（これも持つ）の電車、公園の入口の車止めの鎖を座席にした（揺れる）電車、大きな竹の棒をみんなでつかんでまたぐ電車、土手の上に長く描かれた線路の上をただつながって歩く電車、手で動かすミニチュアの電車……。

「現実の舞台」を豊かに

思いはいまそこにある世界を超えているはずなのに、その時その場の具体的な物の世界への対処はリアリティーにあふれているのです。思いと現実的対処がセットになってごっこの真心を創り出します。神出鬼没の思いと多様な現実的対処との相互反響の創り出す妙が、それぞれのごっこ遊びの独特のおもしろさとなっているのです。相互にずれたり一致したりしながら両方の世界が豊かになっていくと、「クスの実の落ちている園庭」で「オオサンショウウオの卵発見！」のような独特の世界が生まれます。

保育実践でごっこを考えるとき、子どもが実際に生きる現実の舞台をどう豊かにするかはいままであまり考えられてこなかったように思います。発達心理学の影響なのか、むしろ思いが眼前の現実から離れていき「表象」が発達することがごっこ遊びの意義だという一面的な理解さえあるような気もします。部屋の中で、想像世界を支えるために買われた商品（たとえば「ままごとセット」）で遊ぶことは、もちろんそれもありにしても、それだけで、ごっこを支える現実の舞台を豊かにしていくことにつながるとは思えません。「スイッチボタンを押して画面を見る」という現実としては貧しい行為だけで、想像世界が展開するテレビゲームなどの遊びになっていく道にもつながっていきますから、一考を要します。

「からだが　がけのした　めがけて、くうきをきりさいていくのが、とても　よいきもちでした」（『ダンプえんちょうやっつけた』[9]）と耳を切って鳴る風を肌で感じる現実の経験は、「さくらちゃん、とべー!」の声で「崖から海」にとび降りるときでした。「海賊の宝を奪う」ごっこ遊びが「野や山」を舞台にしたからこそ生まれたのです。

ごっこの中で子どもは、背伸びして自分を拡張します。普段ではとべない崖をとぶのです。新しい違う自分を感じて、はりきります。そう感じながら目や手は眼前の世界とやりとりを続け、現実の舞台で生きる自分の地歩を固め切りひらきます。ごっこ遊びが展開する舞台を、部屋の中や園庭に閉じこめずに広げていきたいものです。街でごっこ、森や林でごっこ、公園や野原でごっこ、山や川や海でごっこ。考えただけで楽しくなるではありませんか。

●●●3　生きものと暮らし、遊ぶ——折り合いの境界に立って

共感的態度と対象的態度

二歳半くらいの子どもに、野原でつかまえたカエルを手に持たせてやりました。カエルは初めてだったらしく、めずらしそうに手の上にのせてつついてみたり、手をつかんでひろげてみたり、逃げられては追いかけたりして遊んでいました。クローバー

探しや、ヒバリの巣探しをしているあいだ中、手に持っていましたが、つい強く握ったりしたこともあったのでしょう、カエルは動かなくなりました。「あーあ、死んじゃったかなー」「かわいそうだね」に対してその子が言ったことは、「でんち入れてー」でした。

小さな子どもは電池というもの自体よくわかっていないのですから、「生きものは電池で動く」というふうに考えているわけではありません。動くものといえば電池じかけのおもちゃに囲まれている子どもたちにとって、動かなくなったら電池を入れかえるということが常識になってしまっているのでしょう。自然の生きものの生き死によりも、電池じかけのおもちゃの故障のほうが子どもにとっては日常的だということのあらわれなのです。

このような状況は子どもにとって、あるいは人間にとってどういうことなのでしょうか。

ピアジェ以来の「生命概念の発達」研究などによると、生きものと他のものとを概念的に区別することは、小学生くらいでもけっこうむずかしいようです。生命や生物の本質ということまで考えると、私たちでもわからないことがあります。脳死問題、安楽死問題、人工受精や遺伝子操作の問題など、倫理的、哲学的な問題にまでくれば、社会的にも議論がおさまらないものです。

しかし、生きものとふんだんに接しているならば、生きものが生きていることを実感的に受け止めることはかなり早い段階からあるように思われます。生きものらしい目的的であると同時に非予測的な動き、休みと動きの交替、食べたり、排泄したり、眠ったり、「けんか」したり……。これらは自分が毎日していることと大なり小なり似ているのですから、そんな生きものに対する共感的な心情が生まれてくるだろうと想像できます。抱いたり、なでたり、食べさせたり、おしっこさせたりと。

また一方で生きものたちは、自分たちとあるいは生きもの相互間でも、姿、形がずいぶん異なっているし、とんだりはねたりする動き方もいろいろです。棲んでるところや食べもの、排泄物もちがっています。生きものの形態、機能、生活様式は本当に多様です。その多様性につき当たって、子どもたちの驚きや好奇心が引きおこされます。つついてみたり、手足や羽を広げてみたり、高いところから落としたり、水に入れたりといろいろと試します。少し高級（？）になると、〝ザリガニの色を白くするためにいろんな餌をやってみる（いわしの身がいいとのうわさあり）〟〝カエルやカレイの身体の色が変わるのを試す〟など「実験」までやるようになります。

このように生きものに対して子どもたちは、共感的態度と対象的態度の両方で接すると考えられます。

子どもたちの接し方は、ときにぎこちなく、ときに見当ちがいもはなはだしく、ときに乱暴になることがよくあります。それでも、この二つの態度の間の揺れ動きをふんだんに経験することは、いま特別な意味をもっていると思われます。

自然の生きものの一員としての自分

まず、「思いやりややさしさ」と「積極的に科学的知識を吸収しようとする探求心」の土台を育むだろうということはだれも否定しないでしょう。それに加えて、いま大事な意味は、「自然の生きものの一員としての自分」の実感や自覚という「自我領域の重要な一部」を形成していくことにあると思われます。現代の子どもは生まれたときから人工的なものや記号情報に囲まれています。自分自身が一つの生きものとして、生きた自然とやりとりすることが非常に少なくなってきています。このような状況で、他の生きものとの共通性と差異性についてのリアルな感覚、つまり自分が大きな自然の一部であると同時に、かけがえのない唯一の生命をもっていることについての感覚を育てることはきわめて重要なことだと思います。乳幼児期には、それらを急いで概念的に理解させることではなく、生活感覚としてため込んでいくことこそ大切なのではないでしょうか。

あたりまえの生活の中の「矛盾」体験

さて子どもたちはこのような揺れ動き体験を重ねていって、さらに深い「矛盾」にもつき当たります。同じ生きものとしての共感と、生きものは他の生きものの生命をもらう（殺して食べる）ことによってしか生きられないということとの「矛盾」です。これは、一生抱えていかなければならないものですし、この「矛盾」をきちんと抱えるからこそ、「自分の生命」にリアリティーが与えられるのです。

幼児期、児童期にはこの「矛盾」を、「深刻な概念」としてではなく、毎日の生活の中であたりまえのこととして経験させてやりたいものです。

あるとき、雄のニワトリが一羽だけではかわいそうと思い、雌のヒナ四羽と雄一羽（これは買うときおまけで断れなかった）を保育園にもっていきました。子どもたちは生まれて三日くらいのヒナのかわいらしさに声をあげ、年長さんは自分たちが世話をすると決意を固めました。そして世話を引き継いだ新しい年長さんも、一生懸命育てました。数ヵ月もするとだいぶ大きくなり、もう卵を生みそうです。

そんなある日、給食を食べながらちょっとした論争が起こりました。

「もうすぐ、卵生まれそうだね」「生み立ての卵は新鮮でおいしいよね」と私と担任の先生が話していると、子どもたちは「あかーん」「食べるなんてかわいそうやんか」と大合唱（よく見ると二、三人はきょとんとしている子がいるのですが）。

「えー、食べないの?!」

「食べるなんてかわいそうやんか」「私たちが育てるんだ！」

「えーっ、だって毎日四羽ずつ生まれたら育てられないよ。ニワトリだらけになってしまうぞ」「ホットケーキにしたら、おいしいぞー」

「だめー」

「食べようよー」「食べたいなー」

「あかーんー」「おれたちがいるかぎりぜったい食べさせない」「カワサキー、今日夕方こい、決着をつけてやる」

「なんの決着じゃー？　卵を食べないというなら、クッキーもお誕生日のケーキも食べないんだな」

「ケーキやお菓子は食べない」「そうだそうだー」「私もー」と大半の子が叫びます。その中で、一人ポツリと「ぼくはケーキ食べる」という子がいるのもなかなかにいいものです。

給食が終わり子どもたちはパジャマに着がえました。私はさよならをして帰りがけに小屋に近づき、しゃがんでじっと中を見ました。それを見つけた子どもたちは、「たいへんだー、カワサキがねらってるー」と部屋からどっと出てきて「こらー、カワサキー、食べたらあかんぞー」と叫びます。私の正体がオオカミオトコだと知っているから（？）です。

そんなこんなで六月。とうとう卵が生まれました。子どもたちは私が行くと「卵、生まれたー」「抱いている」と口々に教えてくれました。メンドリがときどき座っているように見えたのでしょう。しかし、私にはどうも抱いているようには見えません。ものの本では、抱き始めれば一日一、二回、卵から離れる程度と書いてあるではありませんか。よくよく調べてみると人工孵化で生まれた産卵用のニワトリは抱かないとなっています。チャボはよく抱くと聞いていたけれど……。考えなしにヒナをニワトリ屋さんから買ってきた私がうかつでした。

みんなで検卵器を覗き、発生していないことを確かめ、もう一度ホントに卵を抱いているかどうかよく見ていようということにしました。その結果……、残念ながらやっぱり親は抱いてないとわかりました。卵の冷蔵庫行きを認めざるをえなくなりました。

そうして数日後子どもたちは炒り卵にして食べたそうです。焼けてフライパンについたわずかな卵もきれいにこそげて食べました。その場にいなかった私にあとで「おいしかった」と報告してくれました。子どもたちを「おれたちがいるかぎり……とか、ぜったい食べさせないとかいったのはだれだっけ」とからかってやると、まったく悪びれた様子もなく、「赤ちゃん生まれないからいいんやに」「私たちの卵だもん」とけろっとしていました。

それでいいのでしょう。「矛盾」を矛盾として深く理解することはずっとあとでいいのです。だからいまは、大事に世話してやってほしい。遊んでもいいでしょう。そして卵は食べよう。でも孵化にも挑戦してみたら……。不思議なこともいっぱいみつけて。

「明日も雨になるといいな」

その幼稚園に行くと私はいつもシャベルを片手に園庭に出て、成長中の木のまわりの世話や池の補修などをしてまわります。ある日、雨の上がりかけた園庭にいくつもできた水たまりを見てムラムラとしてしまい、持っていたシャベルで運河をつくり始めたのです。傘をさして出ていた四歳児クラスの子どもたちが「何してんの?」などと寄ってきます。掘った溝を水が流れると「おお」「すげー」などと声を上げ、子どもたちもやり始めます。中にはあさっての方向に掘る子もいますし、せっかくつくった川を長靴でピシャピシャと壊す子もいます。まあ、いいや、水たまりといえばピシャピシャだからな……。傘の先で溝をつくっていた二人が「流れた!」と興奮して知らせに来ました。だんだん川がつながってきて夢中になり始めました。あっという間に時間がすぎ、たくさんの水たまりがつながってきたころ、「お片づけ」で呼びに来られてしまいました。なかなかやめようとしない子もいて、ついつい「これがまあ、おもしろいんだよなー」と共感したら、先生に「もうー、責任とってください」と私が怒られてしまいました(すみません)。世の中はいろいろ「事情」があって、時間どおりにしないとまずいこともあるのです。残念。ここは折り合うしかありません。

その数日後、年長児たちが雨のしょぼふる園庭に出て川づくりをやっていました。前のとき、最後にちょっとだけ参加していた子どもたちが雨上がりで思い出して始めたのだそうです。さすが年長、雨だけでは足らじと水道から水を運び、園庭中、大きな川だらけにしてダイナミックです。

やはり時間切れでやむなく終わりにしようとしたら、子どもたちいわく「明日も雨になるといいな」。私が「明日は遠足だよ」と言うと黙り込んでしまいました。五歳児の「思慮深い」顔もいいものです。雨とは楽しみをつくったり奪ったりするものだということに哲学しているのでしょうか。ここも折り合わなくては……。

虫見板で見えるもの

「虫見板」というものがあります。ちょうど、子どものころに勉強で使った「したじき」と同じような板です。これを成長中の稲の下の方に水平にあて、稲をゆさゆさと揺すると、そこにたくさんの種類の小さい虫たちが落ちます。板は黒とか濃紺の色をしているので、虫がくっきりと浮き上がってよく見えます。動きまわる虫もいればじっとしているだけの虫もいます。いつも茎にしがみついて稲の汁を吸っているウンカなどは動かないのだそうです。これは「害虫」と言えます。そういう虫を動きまわって探しては食べてしまうのが「益虫」ということになります。そういうこととはあまり関係のない「ただの虫」もいます。やってみました。稲だけでなく、ほかのいろんな花にもやってみると、小さな板の上に見たことのない世界が繰り広げられました。それを目の当たりにして「おお、そうなのか、お前たちもけっこう、すごい世界をがんばって生きてるんだな」と思わずにはいられません。

虫見板はもともと田んぼに「害虫」がどれくらい発生するのかを調べるための道具としてつくられたそうです。多少手間はかかるけれどこれを使えば農薬を激減させることができ、何よりもおもしろいのだそうです。そちらの方面に興味のある方はくわしい本がありますので是非読んで下さい[10]。

虫見板を紹介し、「百姓仕事」の豊かさを訴えていることで知られる宇根豊さんが五百キロの米と五十匹の赤トンボを生産する田んぼと、四百八十キロの米と五千匹の赤トンボを生産する田んぼと、「どちらが生産が豊かなのか」という問いを投げかけています[11]。人間が豊かに生きるということはどういうことなのかを考えさせられます。

米はお金に換算できますが赤トンボはできません。お金に換算できない赤トンボはいなくてよいのか、ということです。お金のために手間をかけずに少しでも収量を上げることだけ考えれば、化学肥料を施し、農薬をまいてやればいいかもしれません。しかしそうすることによって米の収量は一時的に上がっても、長い間人間とともに田んぼで生きてきた赤トンボをはじめとするたくさんの生きものたちはいなくなってしまうでしょう。「赤トンボ」のいない日本や、「赤トンボ」を歌うこともない日本人を考えるとたしかに何かとても寂しい気がします。宇根さんは、本来の「百姓仕事」はじつは楽しいものだったはずだと言います[12]。田んぼをつくり稲を育てることは、もちろん自然と格闘する仕事ですからつらいこともありますが、それでも一方で、土に触れ、水に親しみ、さまざまな生きものと出会う、そんなことをふんだんに含んだ仕事だった。その仕事を「苦役」だけのように思わせそこから「解放」し「楽にたくさん収量をあげる」ことができるために、あぜをコンクリートにし機械を入れ薬や化学肥料をまいてしまったのが「近代産業」となった「農業」だということです。

そしてこの話はどこか子どもたちの成長にも通じています。本来そういう楽しさ、おもしろさが「勉強」にはたくさんあるのです。新しい知識に対する驚きや感動、字

を読んだり書いたり計算ができるようになったときのうれしさ、難問が解けた喜びなどは、もちろんその楽しさの大道です。実験したり、調理実習したり、野外に観察や写生に行ったり、動物を飼ったりすることもおもしろいことです。あるいはまた、消しゴムくずを集めてどれだけ高くできるかに夢中になったり、教科書のはじっこにパラパラ漫画をつくったり、鉛筆をきれいに削ったりすること……、大道からいろいろな外れ方をしたところにも大小さまざまな楽しいことがらが生まれてきます。いま、「勉強すること」からそういう楽しいことがどんどんそぎ落とされてきているのではないでしょうか。勉強することはいやなこと、つらいこと、しかたのないことだと思わされ、感じさせられています。それでもがんばってよい点数をとること一直線のために、塾通い（化学肥料？）、余計なことをしないための細かく厳しい拘束（農薬？）が子どもたちの生活を覆っています。本当に必要なのかどうかわからない「知識」や、学んでいてあまりワクワクしてこない「知識」を、できるだけ早くたくさんつめこみ、その多さを基準にして勝ち組、負け組（お金をたくさん持っているかいないか？）に向かって競わせるような価値観が生活を支配しています。そして「勉強する」ことそのもののおもしろさや、あるいはその脇道で生まれるたくさんのおもしろいことから子どもたちは引き離されてしまったようです。

そのことは、学校へ入る前の幼児の生活にも反映してきています。勉強どころか、生活することそのものが、「ちゃんと生きなければならない」「がんばらなければならない」課題として与えられてしまっています。失敗が許されず、余計なことをせず、脇道に逸れず、人より遅れず、できれば先んじてほしく、ちゃんと「発達」しなければいけない……。少し前の日本の総理大臣には、「しっかりと」「きちんと」と口癖のようにくり返しながら、公然と権力が教育内容を統制できるように教育基本法の改悪を進めた人もいましたが……。

遊びと「課題」の折り合い

本来子どもは、生きものが生きるためにどうしても必要なさまざまな「課題」から大きく「解放されている」ものです。だから生きものの中で育てられる子どもは遊ぶ存在なのです。人間はもっともよく子どもを育てる動物群の一員です。だから人間の子どもは生きものの中でもっともよく遊ぶ存在です。さらに、人間は子どものみでなく大人もよく遊びます。社会が大人をも解放している特別な存在です。そうはなっていない状況には社会的な原因があります。遊ぶ大人はうまく「課題」と「折り合い」をつけられる存在のはずです。「折り合い」は個人的にも社会的にも揺れ動きます。子どもの遊びが豊かにあり、大人にも遊びが生まれ、遊びが発展して社会の文化となり、その文化を担う職業の大人がたくさん出てくることもあります。反対に社会が大人の遊びを許さないような状態も起きます。「サービス残業」や「過労死」など。そういう状態は必ず子どもにも「課題」を際限なく押しつけてきます。どちらの状態が豊かで生き生きとした社会なのでしょうか。

遊びを大事にするのかどうかということは、この現状の「折り合い」の境界に立ち、どちらに境界を押し広げるかということです。子どもにとっても、大人にとっても、それは「生活の送り方」そのものの価値観の問題であり、その選択と実践の問題なのです。

注

（1）先頭の子がするとび方（片足でとぶ、一回とんだあと反対方向に向いてもう一回とぶ、とんでから離れたところにある木に触る、など）と同じようにとばなくてはならない。

（2）小川太郎『増補版　日本の子ども』新評論、二〇〇二年

（3）河崎道夫『あそびのひみつ』ひとなる書房、一九九四年

（4）「現代と保育」編集部編『おにごっこ・ルールあそび――対立をたのしむあそび』ひとなる書房、一九九六年

（5）（3）に同じ

（6）（3）に同じ

（7）加用文男『子ども心と秋の空』ひとなる書房、一九九〇

（8）天藤真『大誘拐』双葉社、一九九六年

（9）古田足日・田畑精一作『ダンプえんちょうやっつけた』童心社、一九七八年

（10）宇根豊『虫見板で豊かな田んぼへ』創森社、二〇〇四年

（11）宇根豊「二つの危機が出会った」『教育』二月号（六九七号）国土社、二〇〇四年、二八～三四頁

（12）宇根豊『「百姓仕事」が自然をつくる』築地書館、二〇〇一年

第三章　「自分らしさ」と遊び

●1 我を忘れて遊ぶこと——夢中なとき、人は躍動する

「自分」の時代と言われるが

「初めて自分で自分をほめたいと思います」。一九九六年アトランタ五輪の女子マラソンで銅メダルを獲得した有森裕子さんのあまりにも有名なことばです。「自分で自分をほめたい」という部分はその年の流行語大賞にもなったそうです。

「自分」「自分らしさ」がいまほど大事にされるようになった時代は未だかつてなかったでしょう。東京オリンピックで銅メダルをとった男子マラソン選手の円谷幸吉さんが、二年後、家族への感謝の思いを記した遺書を残して自らの命を絶ったのはその三十年前。国の代表としてかけられていた次のオリンピックへの重圧がそうさせたと言われています。時代精神が大きく変わったと思わざるをえません。

ある仕事をなすこと、あるいはある生き方をすることは、「家」や「国家」のためではなく、自分のため、自己実現のためだということは、もはや、一部の特別な人にだけ許される価値ではありません。すべての人に、自分の唯一、一回限りの人生を

「自分らしく」生きることの可能性が開かれる、そういう時代になりつつあるのです。それは人類の歴史が初めて近づきつつあるすばらしい到達点だと思います。

近づきつつありますが、しかし実際のこの社会がすべての人にそれを保障しているかは、はなはだこころもとありません。「自分らしさ」は、ときに「タイプ」に型どられ、ときに並べられた商品の選択に転化させられたりして、商業主義にからめとられて上すべりします。「格差社会」の中で、「買われる自分らしさ」は、それぞれが位置するランクの中で選ばれるにすぎません。保育園の民営化、学校選択制で、それを推進する側が決まって言うのが「親が子どものために学校や保育園を選べる」ということです。各人の「選択」が尊重される時代に合っているかのようです。しかし、この「選択の自由」はいわゆる「レストランの自由」です。レストランにも格差があって、そもそもだれもが入れるわけでもない高級のものから、ファミリーレストランレベルのものもあります。入ることのできるレストランのメニューの中でしか自由に選ぶことができません。それにしたってふところ具合によって選択肢は限られます。「選択」可能性を制限するような格差があれば「自由な選択」とは言えません。

自分らしい自分を選んでいいのだと言われながら、逆に選択可能性が閉ざされ、選択を強制されたり、あきらめさせられたりするようなシステムだからこそ、「自分」を閉ざしたり、暴発させたり、漂わせたりしてしまうのでしょう。自分を開く可能性が与えられているようでじつは自分をつくれず逆に失わされている時代となっているのであり、ある意味で人類史においてもっとも深い危機を迎えている時代ともいえます。

このような社会の現実の中で、子どもが「自分らしい人生」の真の選択主体として育っていくことをめざす保育・教育とはどういうものなのでしょうか。

記録者の群れ

幼稚園や保育園で運動会や劇の発表会があると、わが子を撮ろうとするビデオ撮影隊がずらりと並んだりします。あの光景は少し考えさせられます。私も、仕事がら保育園や幼稚園でビデオ撮影はよくしますが、ビデオカメラを向けると子どもたちの反応が変わってくることは昔からよく知られていました。夢中になることがあったり、慣れたりするとあまり気にしないでくれるようになるのですが、それなりに苦労があるものです。しかしあれだけの大量の人とカメラが子どもたちに向けられるというのは、どういう状況なのでしょうか。

見ている人がたくさんいるということ自体が特別のことです。そこには演者や競技者と観客たちとの交流が含まれています。しかも単なる演者と観客ではなくて、子どもたちと親たちですから、その交流にも独特なものが生まれます。それがそのような行事のいいところで、普段にはないそれぞれの立場を楽しみながら、その場を共有します。しかし撮影は記録者です。記録者は記録者としての場の共有のしかたはあるかもしれませんが観客とはかなり違っているように思います。

娘がミニバスケットボールに夢中になっていたころ、指導者の方に頼まれてときどき試合のビデオ撮影をしたことがあります。あとでみんなで見て、どう動いたか、どう動くのがいいかなどを考え、練習に役立てるということです。これがどうもうまくいきませんでした。試合前のベンチの様子や開始時の挨拶くらいまでは冷静に撮っているのに、いざ試合が白熱してくると、まともに撮れないのです。あとで見るとひどいものです。画面の下のほうで選手の頭だけが行ったり来たりしていたり、ずーっと天井だけが揺れながら映っていたり、そのくせ最後の挨拶はよく撮れていたりとさんざんな画面です。おまけに「よっしゃー」「シュートーっ、打てー、打てー」「(シュートを決められて）あーーー」と自分や近くにいる親たちの叫びや嘆息だけはうるさいほどよく録音されているわけですから、とても練習の役に立つような代物ではありません。娘の試合では私は記録者に徹することができないのです。ビデオなど持たずに観客として見るときは、ほかの親仲間といっしょに一喜一憂しながら、楽しむことができます。

仲間のいる観客と、個別の記録者とはかなり違うようです。運動会などでずらりと並ぶ記録者の群れはそれぞれにわが子を記録しておこうと懸命ですが、しかしその場を子どもとも、親同士とも、ともに楽しむ立場を共有できるのでしょうか。

これを記録される子どもたちから見れば、どういうことになるでしょう。たくさんの親たちがいっしょに笑いながら自分たちを見ている状況に、別の関係が入り込んできます。記録される自分と記録する人との関係です。その関係がウェイトを占めるようになればその場自体が変わってくるでしょう。その場でともに楽しんでくれる大人ではなく、記録し評価してくる大人に囲まれることになるでしょう。そして子どもは「記録される者」としての立場に立ってその場を生きることになるでしょう。そのような生き方が小さいときから積み重ねられることの意味をどう考えたらいいのでしょう。

「自分を見つめる」前に必要なこと

自分が見つからず、失われているような状況の中で、しっかり自分を「見つめる」ことの大事さもまた強調されます。「進路」や「就職」を考えなければならないときなどはとくにそう言われます。ふり返るべき自分の中身が、いいところも悪いところも含めてある程度豊かにつくられているならば、それも必要なことでしょう。ですが、きちんと自分を把握することなどは大人でもなかなかむずかしいことです。

昨今は、自分自身をふり返ることを可能にする技術が発展し、大衆化し、小さな子どもが早くからさまざまな形態で「自己認識」をするようになりました。鏡、写真、ビデオなど姿を映す道具はまわりにあふれています。子どもたちは生まれたときからずっと写真やビデオに記録され、その記録が保存され、あとで見せられて「これだれ?」などと問われ、「○○ちゃん」などと答えて喜ばれます。「記録される自己」の時代と呼んだ人もいるくらいです。これほどまでに子どもの姿や行動あるいはそれを含む場が、記録され、残され、ふり返られる時代はかつてなかったのです。この早熟の、あるいは氾濫する「自己認識」はどのような内容でどういう意味があるのでしょうか。

宇宙は宇宙自身をみつめる人類を生み出すのに百五十億年とも二百億年とも言われる年月がかかっているのです。人類にしても、自分がどのように生まれ（進化）、どこ（丸い星）に棲んでいるかがわかるようになるには何百万年もかかっています。存在がその存在自身を認識することができるようになるためには、存在自体が豊かに発展していることが必要なのでしょう。

ちょっと話が飛躍したみたいですが、子どもがやがて自分を見つけ選択していく主体となっていくためには、その見つけられ選択されていく自分の中身が豊かになっていなければならないでしょう。ふり返ることを始める前に、夢中になって外界と格闘する経験が豊かに蓄積されることが必要なのだと思います。自然……物……人の世界のおもしろさにひたることの中で、文字どおり「我を忘れて」そのときの自分を、いわば過不足長短に富んだ自分を存分に発揮し、達成感や失敗感、喜びとくやしさ、共感と対立感、誇りと挫折の揺れ動きを体験するでしょう。そのような体験が豊かにため込まれていって、そのずっと先に、自分の一番好きなこと、夢中になれることの中に、「自分らしさ」が見えてくるのではないでしょうか。

「我を忘れる」夢中体験が自我を育てる

中学生のころです。友だちの家で初めてギターを手にしたとき、その音色に心臓を射抜かれました。借りてきて弾き始めたらやみつきになり暇さえあれば弾いていました。しばらくして母が、安いギターでしたが買ってくれました。お菓子やおもちゃなど買ってもらった覚えはないのですが、私が要求したわけでもなく母から言い出してそうなったのです。私はそのときただうれしかっただけで、すぐに夢中になって毎日のように手にしていました。家庭的、心理的にはいろいろな「うさ」があったのですが、ギターを弾いているときは忘れることができました。自分の「ワールド」ができ、それこそ家にいるときは手放せませんでした。大学に通うため故郷から出てきたときにはギターとポータブルのレコードプレーヤーだけもって上京したものです。「悲しくて、せつなくて、暗く情熱的な」曲（古賀メロディーやフラメンコなど）が多く、また人に聴かせる（ほどの腕ではないので）のがあまり好きではないそういう「楽しみ方」（?・）をしていました。思春期から大学を終えるくらいまでは、私の中にはそういうあまり人と共有できないなと感じられる自分だけの領域世界ができていたようです。何十年もたってさすがにいまではときどき手にしてポロロンとやるくらいですが、それでもいつでも手にしてそういう世界にいくことができるところにギターは置いてあります。この一生ものの「趣味」はたぶん私という全体の一部の世界として良くも悪くも大事なものであることは間違いないと思います。その経験と世界を抜きにしてはきっと自分で自分を理解できないようなしろものなのです。

夢中になれるものやことがらがあり、その世界をもつということはたぶんその人の「かけがえのない人となり」のある部分を表しているのだろうと思います。「夢中になる」過程とは、周囲の「よけいな」現実や生活に注意が向かなくなるし、人が自分をどう思っているかなど気にならなくなる状態です。そういうときこそまさにその人の全存在が発揮され躍動しているときです。一方でいま、自分を見つめる目を養うことが人格形成上大事だとよく言われます。ちゃんとした大人になるためには冷静に客観的に自分を見つめる目を育てなければならないというわけです。昨今のように「キレル」「荒れる」子が問題になってくれば、よけいそうした「自分を冷静にふり返る力」の重要性が指摘されたりします。しかし夢中になることというのは反対にそういう自分を見つめる目（あるいは他者の目を自分に取り込んで成立する社会的自我）をよそに置くことです。自分ではなく対象となるものやことがらを見つめ（注意の集中）、その世界に入り、そうやって自分の全身全霊をうちこみ、自分を発揮し実現するある種知的で情熱的な過程なのだと思います。「我を忘れる」ということは、「我そのものが実現している」ことなのです。

逆説的ですが、そんなふうに我を忘れるほどの夢中経験こそが、自己や自我の意識と自覚の土台になるとは考えられないでしょうか。そのような経験や世界のない、あるいは貧しい人が「見つめる」自己とはどういう内容をもっているのでしょうか？　対象への注意の集中と情熱をもたない行為をさせられ、わずかな失敗も許されず、行為の未熟さを「それがおまえだ」と見つめさせられ、そういう目をもつことが成長だと言われ続けるような育ちと人生とはいったい何なのでしょうか？　「透明な存在のボク」と見事に的確に自分を表現していたかの少年の「我」とはどういう内容だったのでしょうか？

見つめるべき対象としての自分が空白であったり共感できないことだらけではつまりません。どんなに比喩的に「寝食を忘れる」状態になろうと、現実の生身の人間は食べて寝て休息する生活をしなければなりませんから、「我にかえる」要因は山ほどあります。そういうときに、夢中になっていた自分をふり返り、「おもしろかった」

と実感し、自分の進歩と未熟さに共感しながら未だ自分が到達していない奥深い世界にあこがれをふくらませ、また次へのチャレンジの決意を固める……そういう過程が「自分を見つめる」ことであってほしいものです。

あのときなぜ母は、私がせがみもしないのに買ってくれたのでしょうか？　それはずっとわかりませんでしたし、第一考えてもみませんでした。ギターを買ってくれたあと、母は「上手になった」とか「聴かせてくれ」とか「ちゃんとやってるか」とかいうことばをいっさい口にしませんでした。夢中になって自分の世界を創り上げようとしている私にその機会を拡大するチャンスをそっと与えてくれただけなのです。あるいはただそういう息子の姿を見たかっただけなのかもしれません。恥ずかしながらこのころになってようやく少しだけ、あのときの母が私を見る目を想像できるようになった気がします。

広がり、つながる仲間と世界

何かに夢中になってチャレンジしていくとその世界の中で知識や技能が広がってきます。数年前から「光る泥だんご」に挑戦するようになったら家の周囲や大学の土や砂に目が向き始めました。とにかく、「あんなきれいな泥だんごをつくりたい」一心でしたから最初はどうしたらできるか、その材料がどこにあるのかが直接的な関心でした。ところが例の「サラ砂」というものがじつは「粘土の粉」だということがわかり、粘土というのは一定の大きさ以下の細かい砂のことを言うのだということがわかりました。それから土や砂というもののでき方や科学的性質を知ることがおもしろくなり、それで地学教室の地質調査についていって海岸の地層の見方を教えてもらい、化石を見つけたりしたら、なにかこの大地をつくる「土や砂」の世界の不思議さ奥深さを思い知ることになりました。「だんご」にあこがれて土をいじくりまわし、土を掘り返し、何かをつくったり見つけたりすることは、とてつもない奥行きのある「土や砂」の世界への入り口だったのです。好きだからこそ、おもしろいからこそ次から次に進みたくなる世界が広がるのです。そしてその過程で共感できる仲間と出会える可能性も大きいのです。

子どもが夢中になっているそんな世界を発見し、そのことを通じて仲間との関係が創り出されていったという話を、北海道でユニークな実践を展開している谷地元雄一さんが書いてくれています。(1) 保育園でしゅうちゃんという五歳の男の子は、なかなかみんなの遊びに入れないでいたのです。あの手この手でつながりをつけようと話しかけても表情がほぐれないでいました。友だちが別の子の名前を「のぞみ！」と呼んだとき、ぽつりと「トーキョ、ハカタ」としゅうちゃんがつぶやいたのを耳にした谷地元さん。「おや？」と思っていろいろ聞いてみるとどうやらしゅうちゃんはかなりの鉄道ファンだったことがわかります。そこで、棚の奥にほこりをかぶっていた『やこうれっしゃ(2)』という絵本をもちだしていっしょに見たそうです。やわらかそうな表情をみせたしゅうちゃんは、絵本に出てくる「上野から金沢にいく」列車に興味を持ち「この列車なんていう名前だろ」と言います。翌日時刻表で調べようということになります。次の日の朝しゅうちゃんはいつになくぴかぴかの表情で保育園にやってきました。お母さんによると「早く早く」とせがまれたほどだったのです。谷地元さんと二人ですわりこんであおだこうだと言ってるとほかの子も寄ってきます。それからはしゅうちゃんの独壇場。彼を中心に謎が解明されたり深まったり……。しゅうちゃんはすっかり一目置かれる人気者になっていったということです。

　まだこれからかけがえのない自分というものを発見し創りあげていく子ども時代は、そんなふうに「あこがれて、夢中になり、仲間とつながっていく」経験、仲間とのたくさんのおもしろい、楽しい遊び経験に満ちていてほしいものです。

●2 遊びの中で育つもの——いま、子ども時代に必要なこと

イナバウアー

不覚にもあのイナバウアーのところで涙が出てしまったのです。トリノでの荒川静香さんの金メダル演技をテレビ中継で観ていたときのことです。

荒川さんの「イナバウアー」は競技の点数には入らない技だったそうですが、その点数にはならない技に、貴重な演技の時間を割いたということです。自分がやってみたく自分らしいと感じられる技だったからなのです。そして彼女は「最近、片手ビールマンスピンが出来ることを発見した。イナバウアーも、遊びで反っていったら、あそこまでのものになった。あたらしくやれる技を遊びの中から見つけていきたい」[3]とずばり、遊ぶことの意味を表現してくれています。よくノーベル賞を受けた人たちが、新しい発見が失敗や遊びから生まれたことを強調しているのと通じています。遊びの中では逸脱や失敗から新しい文化が生まれますが、それは生んだ人が「自分」を刻印

している文化でもあるのです。

「こんなことできる?」「それくらいできるわよ。あたしなんか、見て、こうよ」「じゃあ、こんなことは?」「もっとすごいの見せてあげる！　ほら、イナバウアーよ」「うわー、すごいー」「しずかちゃん、やっぱりすごいー」

フィギュアスケート競技を子どもの遊びに翻訳するとこんな会話になりますが、いかんせん金メダルだとか勝つために点数を勘定するとかいうことへのこだわり（これとてもそういう遊びだと思ってしまえばすてきな遊びですが、大人のいろいろな社会的経済的政治的な思惑がからむとおかしくなってきます）が入るとレベルが少し違ってくるのでしょう。しかし子どもの遊びにはまだそういう複雑で余計なこだわりが入ることがほとんどありません。技への挑戦は純粋に「したい」「できたらうれしい」「すごいなー」で生まれ展開していくのです。

イナバウアーをしてみようとちょっと腕を上げて頭を反らそうとしただけで腰が「イタタアー」となった私もじつは、昔、子どものころ「天狗二段打ち」の名手として世に（数人の「世」だったけど）畏れられた（?）ことがあります。ビー玉を空中にはじいて、離れたところにある相手のビー玉に空中からぶつける技であり、片手のげんこつを地面に立ててその穴にもう一方の手の小指を立てて高いところから狙うのでこの名をつけたのです。普通のビー玉打ちは利き手の甲を地上につけてはじくか、利き手の小指を地上に立ててはじくかのどちらかです。いずれにしろはじかれたビー玉が地上を転がっていったほうが相手のビー玉に命中する確率が高いのです。だからはじく指は地上にできるだけ近くするのが上手なやり方になります。あるときその普通のやり方で失敗して、ビー玉が空中に飛んでしまったのに地上に触れることなく相手の玉に命中してしまったことがありました。これは気持ちがいいと、これを技として何度も練習し磨き上げたのでした。もちろん実戦でやって失敗し、損をしてしまったこともありますが、そこはそれ、「遊びにすぎない」のですから。しかしこれが決まったときの痛快さと相手のショックの大きさは並みではありません。自慢の技となりました。勝つためにはそんなことはしないほうがよいので、当時の遊び仲間の間で「すごい」と言われただけでどこにも広がることのなかった技です。「ギャングの美学」でしかありませんでした。それでもそれは私にとっては乏しい数の栄光の一つでした。だから忘れられません。その手と精神の「感触」はいまも残っているのです。

日常の子どもの遊びにはこの手の栄光経験を思わせる技が山ほどあります。学童保育指導員の四方則行さんが書いた『こまワールドであそぼう』[4]にはコマにまつわる大量の遊びとそうした技が載っています。「どじょうすくい」「つばめ返し」「またかけ」だとか、名前の怪しいのもありますが、それもそれぞれたくさんの応用編があってその奥の深さにワクワクしてきます。この眼で実際に四方さんの数々の技を見たことがありますが仰天したものです。「綱渡り」では「しかやん方式」と「ハット方式」と人の名前のついた二つのやり方があります。前者は四方（しかた）さんのことですが、後者は子どもの名前です。彼が子どもたちといっしょに、ときに子どもの発想と技に驚きながら、互いに「すげー」と言い合ったり、くやしい思いもしたりして、コマの世界に分け入ったことがよくわかります。

栄光は「上手」な子だけに輝くわけではない

『びゅんびゅんごまがまわったら』[5]という絵本があります。子どものときにボタンの穴に糸を通して輪に結び両手でひっぱってまわる音を楽しんだ覚えのあるあの遊びです。風のような独特の強い音と、両腕を外側に引く力の方向とボタン（コマ）がまわる方向との食い違いが奇妙で不思議でおもしろいものです。ところが、この絵本では、校長先生が手と足を使ってこのコマを同時に四つまわすという姿がクライマックスに出てきます。実話を題材にしているようですからほんとにまわしたのでしょう、すごいものです。世の中にはいろんな人がいるものだと感心していると、京都の富岡清子さん（タンポポ企画）からは大きなびゅんびゅんゴマを教えてもらうことができました。直径三十センチもの大びゅんびゅんゴマを二人がかりでロープをひっぱってまわします。こちらはビューッ、ビューッと嵐のような音が出て迫力満点です。彼女からはいろんな形のコマでまわせることも教えてもらいこれも楽しみました。丸や四角はもちろん手裏剣型や星形、場合によっては非相称の形や立体までできます。ここまでくると、たかがびゅんびゅんゴマと侮るなかれです。

私もこれにはまってきて、いろんな挑戦をしては保育園で自慢したりしました。初めて同時四つまわしに成功したときは、研究室で一人（悲しい……）大声を上げてしまったものです（一五九頁写真）。直径一メートルを超す巨大なびゅんびゅんゴマをつくり、保育園においてきたりもしました。「この保育園では保育者集団がいいと聞いているが本当か。このびゅんびゅんゴマがまわせないようではそれも嘘だな。くやしかったらまわして見せろ」などという挑戦状を添えて。これを四百人が見ている舞台の上でその保育者たち十人がかりでまわしたときは感動ものでした。

　また、ふっと思いついて技術科の大学院生といっしょに「びゅんびゅんゴマ発電」にとりかかったことがあります。磁石をつけたコマを、電球につないだコイルのそばでまわせば電球が点くのではないかと思ったのです。何度も失敗したあと、ついに発光ダイオードの小さなライトがコマの回転に合わせてポッ、ポッと点いたときは「すーごーいー」と声を上げたものです。そのころにはクルクルと腕をまわさずとも、ツンとひっぱっただけでコマがまわり出す技（ツンツンまわし）に熟達し、その技で同時六つまわしも成功させ、保育園や幼稚園、学童保育で自慢したりしました。ですがこの遊びにはいくらでも奥があったのです。

　ある日、保育園に行くと年長クラスの子どもたちがびゅんびゅんゴマをやっていました。見るとそのコマは竹の節でつくってあります。「カワサキー、これまわせるか」などと挑発されてしまいます。当然「名人にまわせないコマはない！」と豪語してやってみたのですが、これがまわりません。竹の節は片側がへこみ反対側が出て凸型なので普通にまわしてもバランスが悪く、しかも紙より重いのですぐ止まってしまうのです。「これはバランス悪くてまわらんぞ」と言うと、子どもは「まわるよ」と返します。驚いて「えー、どうやってまわすんだ」と言うと、「あんなー、Mちゃんがな、まわし方見つけたの」でさらにびっくり。Mちゃんというのはおとなしく小柄な女の子で、鬼ごっこや探検遊びなどではみんなのあとからようやくついていくという風でした。普通のびゅんびゅんゴマ遊びもまわせるようになるまでほかの子よりずっと時間がかかっていたそうです。そのMちゃんがこの竹の節のびゅんびゅんゴマをまわす技を見つけたというのです。

「Mちゃん、教えて」と名人形無しで教えを乞うと、「いいよ」と惜しげもなくすぐに見せてくれました。それを見て私は仰天しました。うそだろ……、なるほど……、なんという……。竹の節のコマが紙でつくったものとはまた違った重厚な回転音を奏でるのを聴きながら、私は畏れいってそして感動してしまったのでした。

Mちゃんがやって見せてくれた技はここでは内緒ですが、たぶん「びゅんびゅんゴマが下手だった彼女だったからこそ発見できた」大技です。自分で「うまい」と思っている思い上がった「名人」には一生思いもつかなかったでしょう。この発見で彼女は一躍クラスのヒロインになりました。こういう体験はMちゃんにとっても、まわりの子にとっても、自分と人に対してどういう見方、感じ方をしていくかということを身体内部から培うものです。

学童保育でこんな話も聞きました。知的障害のあるKちゃんは、みんながコマをまわすのを見て、自分でもやりたがりました。ですが、うまくひもをまけないし、まいてもらっても投げることをしません。投げずにどうするかというとそのままコマを縦にして落とすだけです。ひもからスルスルと抜けたコマは床に転がっていきます。「こうやって投げるんだよ」と何度教えても、Kちゃんはスルスルとコマを落としては、転がっていくのを楽しんでいました。ところが何度もそれをやってるうちに、あるとき、ちょっとしたひものひっぱり具合とタイミングで床に落ちたコマが立ってまわったのだそうです。「まわった！」と指導員に報告したことも驚きでしたが、本当にまわっていたことにもなお驚いたそうです。その後も、どういう具合かわからないのですが、Kちゃんがやるとまわるのに、ほかの子どもたちがまねしようとしてもなかなかできない事態が続きました。このまわし方は四方さんの『こまワールドであそぼう』にもなく、「Kちゃん流」と呼ばれ「高難度」の技となったということです。

遊びは、こうこうこういうやり方でやるというある筋道をたどりながら、つまり目標と見通しをもってやっていきながら、その筋から失敗や逸脱することが許容されるし、場合によってはその失敗や逸脱こそが新しい文化（つまり新しい筋道）として生まれ変わるという過程を含んでいます。目標の達成もうれしいけれど、目標からの逸脱や失敗もまた価値があるのです。上手になることはこのうえない喜びですが、下手であることもまた輝かしい可能性をもっているのです。その全体的な揺れ動き過程の中で翻弄されながらそこにその子の「自分」が刻印されていき、ときに栄光が（もちろんときに挫折も）得られるのです。

このような遊び体験が豊かにあってこそ、どの子にも「かけがえのない自分」の土台がつくられるのです。

遊びと「自分らしさ」の土台形成

この章の冒頭で述べたように、今日ほど、「自分らしく生きる」とか「かけがえのない自分」の発見とかが、大事であると言われるようになった時代は人類史上ありません。しかもそれは特別な哲学者だけが自省的に考えるようなことではなく、あらゆる人々にとって価値あることとして呼びかけられ、実現がよしとされることがらとなっているのです。「自分らしさ」「オレ流」「自己実現」などのことばがあふれる状況は、哲学者の藤田省三が「自我の大衆化の時代」と喝破したものです。[6] 一方で「自由と独立と己というものが約束された時代に、じつは逆に自分というものを非常に深く喪失しているのではないか」[7] と指摘された状況があります。教育現場では「自分探し」の課題がたてられ、臨床家や精神科医たちは「自分を見失った」人々の癒やしに追われています。

つまりは、社会思想的には「自分らしく生きる」ことに高い価値が与えられながら、多くの人にとってそうならない現実によって、かえって各人には深刻な問題が生まれているということなのです。人類史上かつてないすばらしい時代になりつつあるはずなのに、かえってそれが、各人の生きるうえでは深刻な矛盾をもたらしているのです。

この矛盾の根本的な社会的解決がまっとうに取り組まれることなく、「血液型」「星座占い」や「自己啓発セミナー」や「魂の心理学」の罠[8] がしかけられ、商業主義的に教育的に「自分らしさ」の心地よい価値的イメージがばらまかれ、そのプレッシャーを受けながらそうはならずに迷ったり閉じたりキレたりする人々が大量に生まれているのです。

子どもの遊びを豊かにする社会的実践は、それらの罠とは違います。いたずらに

「自分」を探させたり見つめさせたり取り戻させたりすることではありません。あとでゆっくり探され、見つけられていく「自分」の中身を豊かにすることです。おもしろそうだから、こころが揺さぶられるから、あこがれるから、やりたい、したいと思えることを豊かにし、逸脱や失敗を楽しみとして共有し共感できる仲間と豊かにかかわる。そうやって「自分」が発酵していく土台を創り上げていくことです。中身の貧しい「自分」をいくら見つめさせられても、いくら「それでいいんだよ」と言われても、つらいばかりでしょう。意識的な「対自」を急いで育てようとするのではなく、「即自」が豊かに発揮され蓄積される経験こそいまの子ども時代に必要なのです。

3 時代・大人と子ども・遊びの意味——人類史的進歩と日本の現実

長くなった子ども時代

「歴史人口学」という分野の研究(9)によれば、縄文期の寿命は男で三十〜三十四歳、女で二十〜二十四歳くらいで、以後日本では平均的な寿命が五十歳を越えたのは第二次世界大戦後の一九四七年を待つのだそうです。現在の日本人の平均寿命は男で八十歳、女で八十四、五歳と言いますから、ここ半世紀ちょっとで人生は三十年も長くなったことになります。平均寿命は乳幼児死亡率や十五歳までの生存率といった「生きのびやすさ」で大きく変わりますので単純に考えることはできませんが、基本的には急速に長寿になってきたと言ってよいでしょう。人生全体が長くなれば、青年期も老年期も長くなるように、子ども時代も長くなります。ほぼ同時に少子化も急速に進み、乳幼児死亡率も大幅に低下し、「多産多死」から「少産少死」の社会になってきました。「七つ前は神のうち」という言い方はもう単純にはあてはまらない状況にもなってきたのです。人生五十年の中の子ども時代と、八十年の中の子ども時代とではおそらく「長さ」だけでなく「意味」も「育ち方」も違ってきているでしょう。

大人と子どもの関係

もともと、やがて大人になっていく子どもの育ちとは、成りゆくはずの大人のあり方との関係抜きには考えられないことがらです。大人たちがどのような関係を結び、どのように生き、どのような人間像を実現しているかが、子ども時代の意味を生み、成長過程も規定し、そして子どもの遊びの意味も創り出すのです。

そういう大人と子どもとの関係は歴史的に変化してきました。その変化は、最初ゆっくりと何百万年もかけてしか進みませんでした。だれもが一様に共同の狩猟採集を主とした生活者になっていくような時代です。三十年から四十年で人生を終えるような時代です。子どもは大人になるために必要な身体技能や知識、社会的関係のあり方などを遊びをとおして知らず知らず身につけていきました。遊びはそのまま大人になるための「意図せざる練習」で、子どもは遊んでいるうちに気がつけば大人になっていたのです。人生を選ぶ喜びもなければ、選べない苦しさもない時代でした。

いまから一万年前ごろから、大人たちの様子と関係が変わってきました。土地の奪い合いに「適した」社会構造として支配―被支配のピラミッドができてきます。社会の中での役割と仕事が分化し、それが「血筋」「家」などによって身分とされ、差別され、固定されてきました。人生はせいぜい四十年か五十年。平均寿命は身分によってかなり違っているでしょう。そこに生まれてきて育っていく子どもたちの目には、どういう大人と自分の未来像が映るでしょうか。多くの役割と仕事が見えているのに、それらは自分の選択肢ではないのです。身分制以前の時代も選ぶことはできませんでしたが、そのときは選択肢自体もなく、したがって差別もありませんでした。しかし

「身分」で人を分けるような社会は、役割や仕事が分化していても、選ぶことを考えられない制度でした。子どもは親の「身分」によって、あるいは親の社会的地位によって、すでに将来が決められていたのです。

このときの子どもの遊びの条件、内容、意味は、その親の身分や地位によって大きな影響を受けることになります。遊びと分化し始めた訓練や学習や、強制されるようになった労働との対比の中で、将来に直結しない「環境の探索」や「意図せざる練習」、休息や気晴らしのような遊びは、「解放された」「自由」な活動という性質を浮かび上がらせました。

逆に、訓練や学習、労働をできるだけ強制してやらせたい立場から見れば、遊びは役に立たない無駄なものという性質を与えたくもなってきたでしょう。「遊んでばかりいて！」という非難はこの立場から生まれてきたと考えられます。子どもの遊びは豊かな内容と形態をもち、さまざまな意味を帯びるようになったのです。

それでも身分等にかかわらず、子どもは「遊ぶ存在」として慈しまれることが絶えず、むしろ増大、増強してきたことは、子どもを育てるということが、あらゆる時代と社会をこえて、人間が生きていくうえでの土台の営為だということにほかならないでしょう。

多種多様な生き方が可能になった社会

やがて社会の進歩は、人々のこうした支配―被支配の枠組みを壊していきました。その歩みは一朝一夕ではなかったにしても、民主主義を渇望するここ数百年の人々の闘いは、身分によって生まれながらにして子どもの成りゆく大人像が決定されてしまうようなことをやめさせつつあります。産業の発展はたくさんの職業を生み出し、多種多様な人々の生き方を可能にしました。その豊かになった選択肢は、何者によっても差別されず、各人の「自分らしさ」によって選びとってよしとされるようになってきたのです。

それが実際に完全に実現し、大人たちがみな自分らしい生き方を子どもたちに見せている社会になれば、子どもの大きな悩みは、たくさんの可能性のある「自分」のうちどれを選ぶか、ということだけになるでしょう。自己決定が許される希望の選択というすてきな悩みをゆっくりと解決していくことが子ども時代の最大の課題になるでしょう。そのとき子どもの遊びは、選択肢の豊かな土台を子ども内部に構えさせ、決定する主体としての感性的土壌を育む重要な意味を与えられることになります。

「自己責任」論・競争主義と「自分らしさ」

しかし、そのような社会は実際にはまだ実現しておらず、現在は個人が開花する希望や憧憬と、開花できない失望や絶望とが同居する時代でもあります。自分の外側から望まない人生を決められていたとはっきり見える前時代と違い、今度は「能力」「努力」（「運」も？）といった一見個人内部にあると思われるような目に見えないものによって決められてしまいます。同一の尺度による競争とランクづけがすべての子ども、すべての学校に画一的に適用されるような事態では、その尺度で「おまえはこの程度」といつも測られ評価されてしまい、「自分らしさ」は封印されてしまいます。自分らしい投球、自分らしい闘い、自分らしい演奏、自分らしい○○……と「自分らしさ」が氾濫する一方で、「自分らしい学力」「自分らしいテスト結果」をふり返られ続けるわけです。行く末に見える大人像には格差があり、なりたくても、なりたくなくても結果は「おまえのせいだ」「自己責任」だといわれます。こうして、子ども時代は「自分の程度」を少しでもあげるため、早くから努力を求められ、自己責任を負わせられてしまいます。

この競争社会では、子どもから遊びを排除する強制が働きます。あるいは、「子どもには遊びが必要だ」という一般的な意味は具体的には「子どもにも休息や気晴らしが必要だ」とすり替えられたりします。競争に勝ち抜くために「勉強がしごと」になってしまうので、しごとを強制される大人と同様に、「遊びは休息」になり、「癒し」になるのです。そしてこの休息は大量生産され買われ消費されます。買われる休息は自分らしさとはほど遠いものとなります。勉強においても、遊びにおいても自分らしさにつながるおもしろさにひたることができないまま、一つの尺度で評価され続けて、ある日「おまえは何になりたいのだ」と詰問される苦しさはいかばかりでしょう。

こうして、社会と大人たちのありようによって、遊びの意義は変化し、多様になってきました。そして、いま、遊びにどのような意義を与えようとするかは、選択の問題として私たちにつきつけられているのです。事にあたって、みなさんはどう出ますか。つまりこの時代にあって、みなさんはどのような社会と大人のありようを子どもに見せ、そして、「遊び」にどのような意味を見いだしていきますか。

●●●●4　リアルなあこがれを遊びに

子どもは自分の人生の選択決定主体として育てられているか

私は新潟県長岡市の生まれです。冬がとても長く、毎日のようにどんよりとした雲が空を覆い、雪が降り続いたりします。そして四月になると雪がとけだし、湯気のようなものが立つ。春だなあと感じます。雪どけ水が流れる音が聞こえてきます。私たちは久しぶりの温かい日差しの中で川をつくり、ダムをつくり、冷たいんだけれど暖かいという経験を重ねます。「雪がとけたら春になる」というのはまぎれもない実感として原体験にあります。

ところが現在の教育は、こういうリアルな体験を評価しません。大田堯さんが紹介している[10]のですが、たとえば理科のテストで、雪がとけると「春」になると書いたら正解になりません。雪がとけると「水」になると書かなければ○はもらえなかったということがあります。けれども私にとっては、雪がとけたら春になるというのは、自分の生活の中で得た、すべての体験の総集としてあるわけで、これが試験で×にされたらちょっと悲しい、と思います。

すでに決められた答えを正しく当てはめることができ、たくさん答えられる子があたかも価値があり、自分なりの正解を選んでいくというよりも、すでにある正解を覚えていくことに価値があるとされるような教育で、人生の選択主体、決定主体としての子どもを育てていくことができるのでしょうか。

私は私の子ども時代の、唯一無二の経験の中から自分自身を創り上げてきました。私と同じ体験をした人はだれもいないわけで、そのだれもいないただ一人の人間として、私の人生の主人公としてこの生き方をどこかで選んできたのです。唯一無二の自分の命と人生を、自分自身が選んで決定していくという、人生の決定主体として子どもをどう育てていくか、いまこのことが問われています。

リアリティーを失って漂う自我

子ども時代の「遊び」は、子どもが自分を見つけたり、自分をつくっていくための最高の舞台です。子どもに豊かな遊びをどう保障していくかということが、人生の選択決定主体としての知性や感性をどう育てていくのかということにつながると思います。

ここで改めてもう一度、子どもの遊びの状況を少し歴史的に見てみたいと思います。

戦後の遊びの状況には二つの変化がありました。第一の変化は一九六〇年代の高度経済成長期、子どもの遊びの条件が掘り崩されていった時期です。産業優先政策によって子どもの育ちを含んだ家庭や地域の生活が圧迫され、外遊びの条件がどんどん崩されていきました。いわゆる「時間」「空間」「仲間」の「三つの間」は衰退させられたのです。

第一の変化がまだ継続しているうえに、さらに大きな変化が七五年から八五年の十年間に起こりました。七四年に「ハローキティ」、七五年に「キキララ」が誕生し、テレビでは〇〇戦隊〇〇レンジャーのシリーズが始まりました。これらは実体のないかわいいというマーク、かっこいいというマーク、つまり象徴として記号化され、次第に記号そのものが実体であるかのように広がりました。

あわせて電子産業の発達によって、非現実の世界が現実化していくような人工ファンタジーが広がり、そこに遊びの楽しみがあるという状況が創り出されていきました。一九八三年にはファミコンの発売、そして東京ディズニーランドの開園という二つの巨大な人工ファンタジーが登場しました。

七〇年代後半から八〇年代に生まれた子どもは、生まれたときからそうした状況にさらされてきました。ファミコンの画面に向かい手だけ動かしていれば、勇気も試され、選択決定も試される。匂いもない、味もない、触覚もない、目の刺激はあっても奥行きがない、耳の刺激はあってもきわめて人工的な音ばかり。特別な周波数の音だけしか聞けない。そういう世界が子どもたちを席巻していきました。

一方、子どもたちの現実世界は、雪がとけたら水になる、春は×という、教えられたことを間違いなく覚えなければならないたいへん厳しい競争の世界です。子どもにとってはリアルではない「将来」のために、落ちこぼれないよう、逸脱しないよう、がまんして生きなければならない世界です。現実世界をつらく厳しいものだと思わせ、それればかりではあまりにつらいだろうから、たいへんだろうから、さあこれで遊びなさいと人工ファンタジーを用意する。そういう構図ができあがったのがこの時代です。

いま、家の中に持ち込まれたバーチャル世界と、外の世界の中でも塀で広く囲われた人工ファンタジー世界という二つの遊び商品の世界にはさまって、現実世界は痛くもないし、実感の伴わないものであるのに精神的には「苦痛」なものになっています。

そのために子どもたちは自分自身で現実世界と格闘して喜びを見いだしていくということをしなくなっています。現実と格闘すると失敗もするし痛い目にも合いますが、そうしながら大きな喜びをみつけ自分自身の内的な感性、知性を創り上げていくという、そういう経験から遠ざけられています。リアリティのある自我を失った子どもたちが大量につくられつつあるように思います。

たとえば二〇〇〇年には、「人を殺したらどうなるんだろう」とファンタジー世界のようなことをあっさりしてしまった十七歳の少年がいました。バスジャック事件や、金属バット殺人事件など、十七歳の引き起こした事件が噴出しました。

その三年前、神戸で事件を起こした十四歳の中学生は、自分のことを「透明な存在」と表現しました。とても残念なことですが、しかし言い当てていると思います。自我のリアリティを失って漂うような自分、人工ファンタジーの遊びの世界と、記号化された現実世界、そんな世界の中で、自分が血を流し、汗を流し、物を食べ、排泄し、感性と知性をもったと人間であるという感覚がなくなってしまっているような気がします。自分自身を確かめられない、自分の内部に確信できるような体験、感性や知性を持ち得ないまま育ってきている子どもたちが増えているのです。

子どもたちはつらく厳しい現実に一生懸命適応しよう、親の言うとおり、先生の言うとおり生きようとして、たいへんなストレスを感じています。ストレスから逃れるには、現実を打ち壊しにいくか、現実から逃避するか、いわばキレルか逃げるか沈むかしか道がありません。

私たちはこの構図を変えていかなければなりません。現実と格闘することこそがおもしろい。現実世界は楽しいことに満ち満ちている。現実と格闘しながら自分が育ち、自分がどういうリアルな存在であるかということを感じとっていく。こういう構図にしていかなければならないのです。

その子のかけがえのなさを育む遊び

そこで重要な役割を果たすのが遊びです。現実の世界に多様な遊びを保障していく中で、リアリティをそなえた、リアリティを土台にもったその子自身、かけがえのない存在というものができていくのではないかと思います。

いい例の一つが泥だんごです。泥だんごはどこにも売っていません。自ら格闘することにおもしろさがあります。土と格闘し、泥まみれになります。丹精こめてつくった泥だんごが割れたり、ひびが入ったりしたときの情けなさ、切なさ、くやしさといったらありません。

泥だんごのおもしろいところは、割れてしまうと取り返しはつかないけれど、気持ちさえ立て直せばまたやれるところです。材料はどこにでもいっぱいあるからです。ふんだんにあるものを使うということは、現実と格闘する際にとても大事なことです。ふんだんにあるがゆえに、どの土がいいのか、どの土をどう操作するとサラ砂ができるか、子どもはつくりたいと思ったら探しだし、集中すればするほどいろいろなことを考えます。

ある保育園の懇談会で、お父さん、お母さんと泥だんご大会をしました。言われたとおりにきちんとやって一番上手につくっていたガラス職人のお父さん、お母さんにウソを教えられて何回も割れてしまったお父さん、そしてその後は、休みの日に園庭に忍び込んで土を持っていったり、子どもの迎えをそっちのけで泥だんごをつくっていたり、大人が夢中になりました。

これは子どもにも影響しました。突然、ガラス職人の子どもが、休み明けに一躍泥だんごの王者にかけのぼりました。その子は、お父さんが持って帰った泥だんごにびっくりして、お父さんにつくり方を教わり、休みのうちに上手になってしまった。それまでは別の男の子がほかの子の追随を許さなかったのですが、子どもたちの尊敬の目は一気にガラス職人の子どものほうにいってしまいました。でも、元王者もめげずにつくってはこっそり私のところに持ってくる。そういうドラマがいっぱいありました。

遊びが多様に発展していくとき、そこにはドラマが生まれ、子どもの持っているものがきらりと輝きます。一人ひとりの決定主体の内面をつくるのは、そういう体験群です。自分の全身全霊を傾けた、身体に残るような体験をため込んでいったときに、自分はどういうことが好きなのか、得意なのか、どういうことにあこがれているのか、総体としての自分というものが、思春期・青年期以降見えてきます。そういう土台をたくさんもっていることが自分自身の人生と生活を選んで決定していくということ、そしてそれが自分の人生をちゃんと送っていくことにつながるのではないかな、と思うのです。

多様な遊びとは何か

ここで、本書に登場したさまざまな遊びをふり返ってみたいと思います。

たとえば鬼ごっこなどのルール遊びです。以前の幼稚園教育要領（一九九〇年施行）では「ルールを守って楽しく遊ぶ」と書かれていましたが、「この遊びはこう遊ぶものだ」という伝え方をしていくのではおもしろさは伝わりません。この遊びの無上の喜びは何かということを大人自身が感じながら、その姿が子どもたちに伝わって初めて「おもしろいな」ということになる。そういう伝え方がこれからは必要になってくると思います。そのためには「伝えていく」という意識が必要だと思います。ルール遊びをただrealizationさせていればその喜びが伝わっていくかというとそうではありません。

ルールのある遊びは対立し合うことを楽しむ遊びです。対立を楽しむということはある意味ではすごいことです。鬼ごっこを本気でやるとつかまればくやしいし、負けたら泣いたりもします。しかし、それをいっしょにやったことに意味がある。ケンカをしながら、対立しながら鬼ごっこを楽しむ。対立をもちこむことが鬼ごっこの極意です。要するに対立することが楽しい。そこに喜びを感じて、喜びを伝えていくという指導のあり方が大事です。

生きものと遊ぶことは、生きていることのリアリティを直接感じることのできる大事な経験です。「命を大事に」ということを徳目で教えるようなやり方ではなく、生きものと遊ぶことでいろいろな生き死にを経験する。これがリアルな命の体験だと思います。私たちは生命あるものを食べて生きています。命を殺さなければ生きていけない。この矛盾をどう自覚的にため込んでいくか。命というものをどう感じるかということは大きな課題です。

いろいろな生きものと共感的な行動をくり返し、あるいは好奇心から殺してしまうようなことも重ねていかなければ、同じ生きものであるという共感と、同じ生きものであるのに、互いに食べ合わないとどの生きものも存在しえないという、この摂理をため込んでいくことはできません。

極めつけは、想像力がぶつかり合う遊びです。探検遊びなど自然環境と想像力を駆使して遊ぶ、人工ファンタジーではない壮大な遊びです。子どもは森や田んぼ、家など、まわりのすべてに集中力を発揮していろいろなものをも見つけていきます。こういう遊びがクラス全員を巻き込んで半年、一年と続いていくと、これは大きくなってもずっと忘れない遊びになります。

「おもしろい」で人と人をつなぐ保育者

保育園は、豊かな遊びの中で保育者という大人が「おもしろい」という感性を身を持って子どもに伝えていくことができる貴重な場です。遊びのおもしろさの伝え方はじつは多様にあります。かつて議論になった指導か援助かというような二者択一ではなく、見守ることがあってもいいし、教えることがあってもいい。大人が黙って背中を見せたり、「こんなんできるか」と挑発したり、大人がひょうきんにエンターテイナーになることがあってもいい。多様な遊びの舞台の中で、子どもは遊びの喜びを感じて自分みつけ、自分づくりの土台をつくっていきます。遊びの指導論はその多様さを抱えこまなければなりません。その場その場で子どもの心の動きに合わせて遊びの喜びを伝えていくということがこれからの指導論として大事です(11)。

そしてもう一つ必要なことは、地域・保育園・幼稚園・学童保育・学校を、第一章で紹介したような新しい形の郷中教育の場にしていくことです。郷中教育というのは、要するに大人が寄ってたかって子どもを育てるということですが、まず保育園を、お父さんやお母さん、地域の人たちが子どもに直接かかわって生活し遊ぶ姿を見せていく場にしていかないといけないと思います。

子どもにとってのあこがれが、靴についているキティちゃんなどのキャラクターや、テレビアニメの主人公など、リアリティを欠いた「もの」や「人」だけというのでは遊びは発展しません。もっとリアルなあこがれをもってもらうにはどうしたらいいかといえば、普段怒ってばかりいる、家ではごろごろしてばかりいるお父さんでも泥だんごをつくったらすごかったとか、バーベキューをしたらすごかったとか、いろいろな場で大人の姿を見せていくということです。そこで子どもが、完全ではない、ダメなところもある、汚いところもある、けれどもステキな部分ももっていてそういうところにあこがれていく。これこそがリアルなあこがれであり、それが遊びを豊かにしていく、現実との格闘の喜びをもった遊びを発展させる一つの大きな土台になるのではないかと思います。

保育者は、遊びをとおして子どもと大人たちをつなぐ役割をになっています。いろいろな大人たちが子どものワクワク、ドキドキの生活にかかわってこれるような、そういう場を創り出していく中で、子ども一人ひとりが自分自身を見つける土台ができていくのではないかと思うのです。

注

（1）谷地元雄一『これが絵本の底ぢから！』福音館書店、二〇〇〇年
（2）西村繁男『やこうれっしゃ』福音館書店、一九八三年
（3）朝日新聞、二〇〇六年三月九日付記事
（4）四方則行『こまワールドであそぼう』かもがわ出版、二〇〇四年
（5）宮川ひろ作・林明子絵『びゅんびゅんごまがまわったら』童心社、一九八二年
（6）藤田省三『全体主義の時代経験』みすず書房、一九九七年
（7）高史明「自我の闇にとらわれた時代」『世界』六一〇号、岩波書店、一九九五年
（8）河崎道夫「河合隼雄『たましいの心理学』と『こころ主義』の問題」『現代と保育』六七号、ひとなる書房、二〇〇七年
（9）鬼頭宏『人口から読む日本の歴史』講談社、二〇〇〇年
（10）大田堯『教育とは何か』岩波書店、一九九〇年
（11）河崎道夫『あそびのひみつ』ひとなる書房、一九九四年

おわりに

二〇〇七年四月から雑誌『ちいさいなかま』（全国保育団連絡会）で「遊び――そのなかで育つもの」と題して連載をしました。その途中で、たくさんの保育者の方々から「胸にすとんと落ちたなど」の感想や意見、「さっそく実践してみました。おもしろかった」などの報告もいただいていました。そこへひとなる書房の松井さんから「連載が終わったらぜひ本に」というお話をいただいて少しは意味があるかもしれないと思いまとめることにしました。

本書はこの連載のほかに、一九九六年以降の、おもに『ちいさいなかま』に書いてきた文を本書のテーマに沿って整理したものです。一つだけ雑誌『みんなのねがい』（全国障害者問題研究会）に載せた文があります。これらは内容的に少し重複しているところもありますが、ご容赦ください。

出版にあたって少しでも読みやすくなるように加筆訂正をしてあります。また、掲載順序や文体を変えたところもあります。いずれにしても内容上の大きな変更はしていません。

掲載号等は以下のとおりです。

・「子どもと生きものとのかかわり」『ちいさいなかま』一九九六年九月号
・「節分を通して〝こわさ体験〟の意味を考える」『ちいさいなかま』二〇〇〇年二月号
・「リアルなあこがれを遊びに」『ちいさいなかま』二〇〇二年七月号
・「夢中なとき、その人は躍動する」『みんなのねがい』二〇〇三年八月号
・「遊びの中で育つもの――今、子ども時代に必要なこと」『ちいさいなかま』二〇〇六年七月臨時増刊号
・「遊び――そのなかで育つもの」一回～十二回『ちいさいなかま』二〇〇七年四月号～二〇〇八年三月号まで連載

保育者のみなさんからは、子どもの姿や実践をたくさん教えてもらいました。それなくしては本書の出版はありえません。ありがとうございました。これからもともに

保育実践を語り合いながら保育と遊びのことを考えていきたいと思います。

元保育士で年来の友人である新潟在住の小林光子さんにはこれまで保育の中のすてきな子どもの話をたくさん聞かせてもらいました。現在は詩人にしてシンガーソングライターの彼女には今回第二章のイラストを描いてもらいました。ありがとうございました。

最後になりましたが、ひとなる書房の名古屋研一さん、名古屋龍司さん、松井玲子さんには、出版に際してさまざまにお世話になりました。のみならず、全国の保育の状況や子ども観など教えてもらったり語り合ったこともたくさんありました。ありがとうございました。

蒔いていたミカンの種から小さな芽が出てきました。わずかにしかし確実に成長するのが楽しみで毎日のぞいています。どんな花が咲き実がなるのでしょうか。

河崎　道夫

二〇〇八年　五月

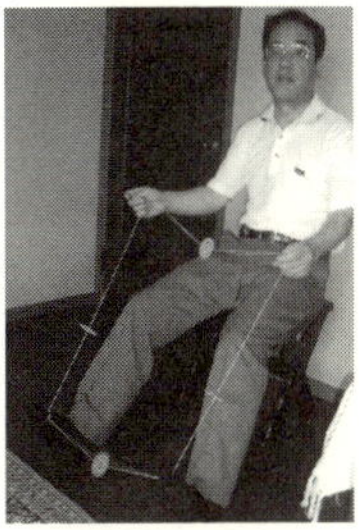

河崎　道夫
（かわさき　みちお）

1948年 新潟県長岡市生まれ。1977年 東京教育大学大学院教育学研究科博士課程中退。北海道教育大学釧路校を経て、現在三重大学教育学部幼児教育科教授。発達心理学専攻。

主な共編著に、『子どもの遊びと発達』『エルマーになった子どもたち』『ボクらはへなそうる探険隊』『シナリオのない保育』（いずれもひとなる書房）、『遊びの発達心理学』（萌文社）、『育ちあう乳幼児心理学』（有斐閣）、単著に『あそびのひみつ』『発達を見る目を豊かに』

保育の教室③
あそびのちから――子どもとあそぶ保育者のしごと

2008年7月7日　初版発行

著　者　河　崎　道　夫
発行者　名古屋　研　一

発行所　㈱ひとなる書房
東京都文京区本郷2−17−13
広和レジデンス101
TEL 03（3811）1372
FAX 03（3811）1383
Email:hitonaru@alles.or.jp

印刷／モリモト印刷株式会社